D1461171

# LE MYTHE DE LA MODERNISATION DU QUÉBEC

### DES ANNÉES 1930 À LA RÉVOLUTION TRANQUILLE

**Claude Couture**

# LE MYTHE DE LA MODERNISATION DU QUÉBEC

## DES ANNÉES 1930 À LA RÉVOLUTION TRANQUILLE

**Méridien**
ÉDITIONS DU MÉRIDIEN

**Données de catalogage avant publication (Canada)**

Couture, Claude, 1955-
    Le mythe de la modernisation du Québec des années 1930 à la Révolution Tranquille
    (Méridien/Histoire)

    ISBN 2-89415-060-1

    1. Québec (Province) - Conditions économiques - 1945-1960. 2.Québec (Province) - conditions économiques - 1918-1945. 3. Libéralisme - Québec (Province) - Histoire. 4. Capitalisme - Québec (Province) - Histoire. I. Titre. II. Collection

HC117.Q8C68 1991          330.9714'04          C91-090905-9

Conception graphique de la couverture : Eric L'Archevêque

Photo de la page couverture: Archives Nationales du Canada (PA-30959)

© Éditions du Méridien — 1991

Dépôt légal : 4e trimestre 1991 — Bibliothèque nationale du Québec.

Imprimé au Canada

# REMERCIEMENTS

Plusieurs personnes ont patiemment lu les très nombreuses versions de ce projet. Je tiens à remercier tout particulièrement Anne-Marie Delargillière, Jean-François Cardin et Pierre Laurin. Leurs commentaires et encouragements ont été fort précieux.

Ce livre est dédié à mon ami Larry Fedigan, professeur d'anthropologie et «d'humanité» à la Faculté Saint-Jean de l'Université de l'Alberta, mort subitement le 22 décembre 1990.

Claude Couture

# INTRODUCTION

Plus d'un an après l'échec de l'Accord du lac Meech, alors que le Québec se dirige vers la souveraineté et que les Québécois semblent être des défenseurs inconditionnels de l'entreprise privée, ce livre propose une réflexion sur certains aspects du caractère distinct du Québec et de ses racines libérales.

Depuis la Révolution tranquille, quel écolier ou collégien n'a pas entendu ces explications concernant le « retard » du Québec avant 1960 ? Peuple conquis en 1760, puis écrasé en 1837-38, nous aurions « survécu » en nous accrochant aux valeurs traditionnelles et au passé. L'Église, valet docile d'un conquérant arrogant, aurait monopolisé pendant plus d'un siècle un leadership social et idéologique qui excluait toute infiltration du monde moderne, associé aux Anglo-Saxons. L'entreprise privée, le progrès, l'individualisme, l'industrialisation, l'urbanisation étaient des réalités valorisées par les « autres ». Notre retard social et économique était donc avant tout un retard idéologique. Avec la Révolution tranquille au début des années 1960, la société québécoise entra de façon spectaculaire dans la « modernité ». De « nouvelles classes moyennes » prirent alors le pouvoir, brisèrent l'emprise des vieilles élites et surent rallier les Québécois à une vision de la société profondément moderne.

Aujourd'hui, on ne compte plus les réussites des entreprises québécoises. Les écoles d'administration sont pleines à craquer. La vulgarisation économique fait des miracles et compte des milliers d'adeptes. Bref, l'esprit d'entreprise règne, partout. Même certains gains de la Révolution tranquille impliquant la participation de l'État sont contestés, au nom des « lois naturelles » du marché. Maintenant une véritable terre promise de l'entreprise privée, le Québec serait une société distincte en raison des moyens ingénieux pris depuis trente ans pour combler le retard causé avant la Révolution tranquille par un attachement idéologique traditionaliste, anti-progrès et anti-capitaliste.

Mais est-ce si sûr? La société québécoise d'avant la Révolution tranquille était-elle idéologiquement différente du reste du monde occidental?

Les valeurs liées au capitalisme libéral étaient-elles marginales, voire même inexistantes dans une société dominée par la tradition? Selon Fernand Dumont et Fernand Harvey, dans l'histoire des idéologies au Québec:

«il faudrait étendre encore plus l'investigation empirique du côté des idéologies libérales (...) Tout un courant de pensée à coloration économique n'a pas cessé de se développer depuis le début du siècle que la prédominance des idéologies conservatrices plus officielles a contribué à masquer»[1].

Or, justement, presque toutes les analyses portant sur les idéologies au Québec ont été faites à partir de l'étude de journaux ou de publications conservatrices et traditionalistes. Mais qu'en était-il des journaux libéraux francophones comme *La Presse*, *Le Soleil* et *Le Canada* qui avaient un tirage très supérieur à celui de la presse traditionaliste? Car bien avant la Révolution tranquille, des hommes d'affaires francophones pouvaient diffuser leur vision et leurs valeurs de la société à travers ces quotidiens. Quelles étaient ces valeurs? Que pensaient-ils du progrès économique et de la propriété privée? Comment ont-ils réagi, par exemple, lors de la crise économique des années 1930?

Le 24 octobre 1929, le krach de la Bourse de New York entraînait l'économie occidentale dans une profonde crise structurelle. Le problème de la perception de cet événement dans la presse d'ici est fascinant puisqu'au cours de cette terrible décennie, un peu partout dans le monde occidental, le libéralisme fut en effet remis en

---

[1] Dumont, Fernand et Fernand Harvey, «La recherche sur la culture», *Recherches sociographiques*, XXVI: 1-2, (1985), 85-118.

question par des groupes qui voyaient dans la crise économique la faillite du système capitaliste libéral. Socialistes, communistes, fascistes fustigèrent tour à tour l'idéologie libérale. Au Québec, en particulier, compte tenu de la forte identification du libéralisme aux anglophones qui contrôlaient une part importante de l'économie, le corporatisme inspiré de l'Église a trouvé un terrain fertile. Dans les milieux nationalistes québécois la doctrine corporatiste servit de référence majeure dans la définition d'un projet de société où la morale catholique s'imposait face au matérialisme libéral. Mais était-ce la seule solution présentée et acceptée par toutes les élites ?

Dans les chapitres III à V, nous verrons qu'en réalité les propriétaires et éditorialistes des journaux libéraux ont été, même pendant les pires années de la crise économique des années 1930, d'ardents protecteurs du système capitaliste. Ce phénomène illustre le fait que dans le Québec d'avant 1960, le libéralisme classique était une idéologie très influente. Après le premier tiers du XIXᵉ siècle, période au cours de laquelle le libéralisme radical a été influent, un libéralisme «classique» plus modéré, notamment face à l'Église, s'est imposé au Québec et ce, malgré la faiblesse de la bourgeoisie québécoise. Ainsi, la Révolution tranquille n'a pas été, pour certaines élites, une rupture idéologique. Et comme nous le verrons dans le sixième chapitre, plusieurs mesures ont été adoptées dans les années 1960 malgré le fait que le patronat a continué à défendre au cours de ces années une idéologie au fond très comparable à celle des patrons francophones des années 1930. D'ailleurs, si le Québec devient un État souverain dans quelques années, il faut espérer que le projet de souveraineté sera assorti d'un projet de société qui puisse reprendre l'esprit de plusieurs réformes des années 1960 lesquelles ont été prises à la suite des revendications de groupes populaires et des syndicats qui ont fait renaître, pour une courte période, le libéralisme radical du premier tiers du XIXᵉ siècle. Car les fortes pressions des milieux d'affaires québécois francophones observées depuis quelques années expriment non pas seulement l'influence du néo-conservatisme de cette fin de siècle mais aussi un lourd héritage du passé antérieur à la Révolution tranquille. Remettre en question les principes d'une économie mixte, c'est tout simplement replonger le

Québec dans des époques antérieures, celles de Taschereau et même de Duplessis, où un libéralisme «classique», conservateur sur le plan social et fort peu innovateur sur le plan économique, triomphait. Cependant, avant de présenter des exemples de ce libéralisme oublié des années 1930, revoyons, d'abord, les grandes lignes de l'histoire du Québec et du libéralisme.

# CHAPITRE I

## L'HISTOIRE DU LIBÉRALISME ET DU QUÉBEC

On a beaucoup étudié le Québec. Depuis une cinquantaine d'années, historiens, sociologues et politologues ont littéralement disséqué cette société. Un constat, toutefois, semble rallier des analystes pourtant en contradiction sur plusieurs aspects. Avant la Révolution tranquille, l'absence d'une bourgeoisie d'affaires a empêché le Québec d'être « moderne ».

Ainsi, pour Marcel Rioux, l'histoire du Québec depuis le XIXᵉ siècle a été marquée par quatre grands courants idéologiques. Après l'échec de la « petite bourgeoisie », en 1837-38, qui défendait la nation canadienne-française par son projet d'appropriation du pouvoir économique et politique, l'Église a monopolisé la production idéologique et imposé une idéologie axée sur la préservation de la langue et de la foi. Le contrôle exercé par l'Église a conduit à ce fameux « monolithisme idéologique » qui a été, selon Rioux, la caractéristique fondamentale « du long hiver québécois qui a duré plus d'un siècle »[2], c'est-à-dire de l'Acte d'Union à la Révolution tranquille. Ce fut dans les années 1950, avec l'avènement « des classes moyennes », qu'une « idéologie de rattrapage » a contesté « l'idéologie de conservation » et a permis l'éclosion, dans la décennie suivante, d'une idéologie renouant avec les idéaux des Patriotes.

Le sociologue Hubert Guindon a également défendu cette idée selon laquelle la société québécoise a été transformée dans les années 1950 par l'arrivée de nouvelles élites qui ont enlevé à la petite bourgeoisie traditionnelle et à l'Église le monopole de la production

---

[2] Rioux, Marcel, *La Question du Québec*, Paris, Seghers, 1967, 104.

idéologique[3]. Le philosophe André Vachet a pour sa part soutenu que le libéralisme, jusqu'à tout récemment, ne se serait jamais implanté au Québec[4]. Pour Vachet, l'absence d'une grande bourgeoisie francophone a rendu impossible la pénétration significative de cette idéologie qui a été superficiellement représentée dans la société québécoise avant les années 1960. Par ailleurs, pour Denis Monière, avant la Révolution tranquille, les différents groupes qui ont contesté le «monolithisme idéologique enfermé dans la représentation d'un Québec à vocation agricole, unanimement catholique, messianique et dominé par le clergé n'ont pas réussi, a-t-il écrit, à actualiser leurs projets de réformes et à briser le monolithisme»[5].

Cette représentation d'un Québec arriéré et messianique a aussi été évoquée par un auteur qui eut une profonde influence intellectuelle et politique. Dans les années 1950, Pierre E. Trudeau[6] fit le portrait d'une société québécoise en attente de la liberté. Certes, le leader de *Cité libre* n'a pas nié l'existence de «rares foyers de pensée libre et réaliste»[7] mais, pour lui, ces foyers existaient «en marge de notre monolithisme idéologique»[8]. L'axe principal de ce monolithisme était, pour Trudeau, le nationalisme. Ainsi,

> «contre une ambiance anglaise, protestante, démocratique, matérialiste, commerciale et plus tard industrielle, notre nationalisme élabora un système de défense où primaient toutes les forces contraires : la langue française, le catholicisme, l'autoritarisme, l'idéalisme, la vie morale et plus tard le retour à la terre»[9].

---

[3] Guindon, Hubert, «L'évolution de la société canadienne-française», dans Marcel Rioux et Yves Martin, *La société canadienne-francaise*. Montréal, HMH, 1976, 137-61.

[4] Vachet, André, «L'idéologie libérale et la pensée sociale au Québec», *Philosophie au Québec*, Montréal, Beauchemin, 1976, 113-26.

[5] Monière, Denis, *Le développement des idéologies au Québec*, Montréal, Québec-Amérique, 1977, 319.

[6] Trudeau, Pierre E., *La grève de l'amiante*, Montréal, Editions du Jour, 1956, 430 p.

[7] *Ibid.*, 11.

[8] *Ibid.*

[9] *Ibid.*, 12.

En opposition à cette idéologie, une contestation se développa «si bien que, toujours selon Trudeau, la génération qui entrait dans la vingtaine en 1960 était la première de notre histoire qui reçut la liberté sans partage»[10].

Dans la littérature sur le Québec, outre ces analyses, un point de vue assez semblable fut présenté par des chercheurs aux horizons pourtant fort différents et que l'on peut résumer de la façon suivante[11]:

– à la suite de la Conquête, les Canadiens français se seraient repliés dans l'agriculture, c'est-à-dire, dans une sorte d'économie d'auto-subsistance en marge de la sphère économique officielle dominée par les anglophones;

---

[10] Trudeau, Pierre E., *Le fédéralisme et la société canadienne-francaise*, Montréal, HMH, 1967, 221.

[11] Behiels, Michael D. *Prelude to Quebec's Quiet Revolution. Liberalism Versus Neo-Nationalism*, Montréal, Kingston, McGill-Queen's University Press, 1985, 271. Dumont, Fernand, «Idéologie et conscience historique dans la société canadienne-française du 19e siècle», *Les idéologies Québécoises au XIX^e siècle*, Montréal, Boréal Express, 1973, 61-82. «Du début du siècle à la Crise de 20: un espace idéodogique», *Idéologies au Canada français, 1900-1929*, Québec, Presses de l'Université Laval, 1974, 1-12. «La première Révolution tranquille», *Idéologies au Canada français, 1930-1939*, Québec, Presses de l'Université Laval, 1978, 1-20. Falardeau, Jean-Charles, «Des élites traditionnelles aux élites nouvelles», *Recherches sociographiques*, 7, 1-2, (1966): 131-145. Brunet, Micnel, «Trois dominantes de la pensée canadienne-française: l'agriculturisme, l'antiétatisme et le messianisme», *Écrits du Canada francais*, Montréal, Beauchemin, 1958, 33-115. Archibald, Clinton, *Un Québec corporatiste*, Hull, Éditions Asticou, 1983, 430 p. Monière, Denis, *Le développement des idéologies au Québec*, Montréal, Québec-Amérique, 1977, 385 p., Bourque, Gilles et Nicole Laurin-Frenette, «Classes sociales et idéologies nationalistes au Québec», *Socialisme québécois*, 20, (1970): 13-55. Teboul, Victor, *Le Jour, Émergence du libéralisme moderne au Québec*, Montréal, Hurtubise NMH, 1984, 440 p. Neil, Robin, «Pensée économique au Québec: The Economics of Survival», *Journal of Canadian Studies*, 2 août 1969: 7-21. Pour une analyse détaillée de plusieurs de ces auteurs, voir Fernande Roy, *Progrès, harmonie, liberté. Le libéralisme des milieux d'affaires francophones à Montréal au tournant du siècle*, Montréal, Boréal, 1988, 300 p.

- l'échec de la «petite bourgeoisie» en 1837-1838 aurait accentué cette marginalisation et la cristallisation d'une idéologie de conservation, axée sur la foi, la tradition, l'agriculturisme et l'antimatérialisme;
- l'Église, surtout après 1840, aurait dominé cette société et monopolisé la production idéologique;
- secouée par les phénomènes d'industrialisation et d'urbanisation, l'idéologie dominante n'en aurait pas moins gardé sa cohérence et son exclusivité jusqu'aux changements des années 1960;
- enfin, les quelques hommes d'affaires canadiens-français des années 1840-1950, étant en marge de la production idéologique, n'auraient pas été en mesure de diffuser une idéologie d'acceptation du progrès, voire, dans certains cas, auraient adhéré, malgré leurs activités, à l'idéologie dominante.

La thèse du «monolithisme idéologique» comporte donc trois principaux éléments: l'absence de bourgeoisie et le repli dans l'agriculture de subsistance; la définition d'une idéologie de conservation axée sur le traditionalisme, le monopole idéologique de l'Église et des anti-progrès en général.

En examinant l'histoire économique du Québec depuis le XVIIIe siècle, il est en fait possible de nuancer la thèse du «repli dans l'agriculture». Après avoir divisé cette histoire économique du Québec en cinq principales périodes[12] voyons si les gens d'affaires canadiens-français se sont «repliés», surtout après la Conquête de 1760.

1) La première période s'étend du début du XVIIe siècle au début du XVIIIe siècle. Au cours de ces années, la Nouvelle-France n'est qu'un comptoir pour la traite des fourrures dans le cadre d'une économie mercantile, c'est-à-dire d'un marché protégé

---

[12] Pour une présentation plus détaillée de cette approche que nous reprenons ici, voir: Paquet, Gilles et Jean-Pierre Wallot, «Sur quelques discontinuités dans l'expérience socio-économique du Québec: une hypothèse», *Revue d'histoire de l'Amérique française*, 35: 4, mars 1982, 482-522.

par la métropole. La rupture de ce régime de fonctionnement économique se produit au tournant du XVIII<sup>e</sup> siècle. Dès lors s'ouvre une période caractérisée par la formation d'une économie à deux volets.

2) Outre le commerce des fourrures qui continue à dominer l'économie, l'agriculture devient au XVIII<sup>e</sup> siècle un secteur de moins en moins négligé. Entre 1700 et 1730, la population de la Nouvelle-France a doublé et la superficie des terres en culture a quadruplé entre 1706 et 1739.

Ce type d'économie va continuer après 1760. La Conquête n'a pas changé le cadre de l'économie mercantile fondée sur l'exportation de fourrures et du blé[13]. Par contre, le changement de métropole va entraîner la formation d'une nouvelle bourgeoisie, essentiellement anglo-saxonne et écossaise, qui reprit le projet de la bourgeoisie de la Nouvelle-France : faire du fleuve Saint-Laurent le principal axe commercial de l'Amérique du Nord. Privés de contacts essentiels avec la nouvelle métropole, les Français qui sont demeurés dans la Vallée du Saint-Laurent après la Conquête servirent de main-d'œuvre expérimentée dans la traite des fourrures pour les compagnies britanniques ou même pour des compagnies américaines après la guerre d'indépendance des Treize colonies[14].

3) Cette forme d'économie fut remplacée au début du XIX<sup>e</sup> siècle par une économie dominée par le capitalisme commercial. Phénomène important, la population doubla au Québec entre 1790 et 1815. Les exportations décuplèrent entre 1786 et 1810 et quadruplèrent entre 1807 et 1810.[15] Cette période s'étendit jusqu'au milieu du XIX<sup>e</sup> siècle et fut caractérisée par une pénétration importante du marché, la diversification des professions et du commerce, les premiers signes d'urbanisation importante, la résistance d'anciens éléments de la période «pré-capitaliste», la création des premières banques et, sur-

---

[13] Couture, Claude, «La Conquête de 1760 et le problème de la transition au capitalisme», *RHAF*, 39: 3, Hiver 86, 369-89.

[14] Pothier, Lise, *Histoire des États-Unis*, Montréal, Modulo, 1987, 320 p.

[15] Paquet, Gilles et Jean-Pierre Wallot, *op. cit.*, 502.

tout, la lutte entre Montréal et New-York pour le titre de métropole commerciale de l'Amérique du Nord. New York, après l'ouverture du canal Érié en 1826, remporta une victoire définitive, non seulement sur Montréal, mais aussi sur Boston et Philadelphie.

La rupture de ce troisième régime de fonctionnement économique fut déclenchée lors de l'adoption par l'Angleterre du libre-échange entre 1846 et 1848. La perte d'un marché métropolitain protégé entraîna un changement de stratégie de la part des élites économiques du pays. Ce changement de stratégie marqua la quatrième principale période et l'avènement du capitalisme industriel.

4) Le quatrième régime de fonctionnement économique commença avec le symbolique *Manifeste annexionniste*[16] de 1849 et se termina avec la Seconde Guerre mondiale. L'urbanisation, l'industrialisation et l'émigration ont été les principaux phénomènes de cette époque. Concentrée à Montréal, l'industrie canadienne attira des milliers de paysans québécois entre 1870 et 1920. De 14,9% de la population en 1871, la population urbaine passa à 23,8% en 1891, 36.1% en 1901, 44.5% en 1911 et 51.8% en 1921[17]. La population du Québec, de 1,191,516 habitants en 1871 grimpa à 2,874,662 en 1931. La croissance de Montréal et de sa région fut particulièrement spectaculaire: 100,273 habitants en 1861, 324,880 en 1901 et 1 million en 1931[18]. Montréal fut la première ville canadienne à atteindre le cap du million d'habitants. Malgré cette croissance spectaculaire de Montréal, il y eut près de 300,000 personnes qui ont quitté le Québec pour les États-Unis entre 1880 et 1900[19].

---

[16] Manifeste signé par les principaux commerçants et financiers du Québec, surtout anglophones, mais aussi plusieurs francophones notamment Louis-Joseph Papineau.

[17] Linteau, Paul-André, René Durocher, Jean-Claude Robert, *Histoire du Québec contemporain. De la Confédération à la Crise*. Montréal, Boréal Express, 1979, 55, 59 et 60.

[18] *Ibid.*

[19] *Ibid.*

Parallèlement aux phénomènes d'urbanisation et d'émigration s'esquissa à partir des années 1850 - 1870 l'industrialisation de centaines de régions, plus particulièrement celle de Montréal. La valeur de la production manufacturière tripla entre 1870 et 1900 puis doubla entre 1900 et 1910. Au cours de ces années, la vocation industrielle de Montréal s'affirma nettement. Autrefois centre commercial de transit axé sur l'exportation de matières premières, céréales et bois en particulier, Montréal devint une véritable métropole industrielle au cours du dernier tiers du XIXᵉ siècle. Les principaux secteurs furent la production du matériel roulant (chemin de fer), les moulins à farine, les raffineries de sucre, le textile, la chaussure, le cuir, l'alimentation, le vêtement, etc.[20] Au début du 20e siècle, l'hydro-électricité, l'industrie des pâtes et papier, l'industrie de l'amiante, entre autres, donnèrent au Québec un second souffle d'industrialisation. Par ailleurs, entre 1901 et 1921, la valeur de la production agricole au Québec augmenta de 478%, résultat éloquent d'une spécialisation observée depuis les années 1870 - 1880. Ce fut également l'époque de la syndicalisation de milliers d'ouvriers. En 1940, il y avait, au Québec, 104,566 ouvriers syndiqués.[21]

Selon Jean-Pierre Wallot et Gilles Paquet[22], cette période fut aussi caractérisée par deux décennies de régulation de l'économie et de redéfinition du rôle de l'État. Dans les années 1870, après le krach de Vienne de 1873 et au cours des années 1930, au Québec, au Canada et ailleurs dans le monde occidental, le rôle de l'État fut redéfini. La Seconde Guerre mondiale fut justement la charnière de la quatrième grande discontinuité ou rupture qui ouvrit la période des années 1950 à aujourd'hui, dominée par la présence importante de l'État et l'économie «d'information».

---

[20] Jean de Bonville, Jean-Baptiste Gagnepetit, *Les travailleurs montréalais à la fin du 19e siècle*. Québec, L'Aurore, 1975, 26.

[21] Couture, Claude, *L'anticommunisme dans les syndicats internationaux au Québec: 1947-53*, Université de Montréal, thèse de M.A., 1982, 12 et 20.

[22] *Op. cit.*, 54.

5) Dans ce cinquième régime de fonctionnement économique, le secteur dit «tertiaire» occupe une large part de la population active. L'économie «de marché» est remplacée par un système largement dominé par les monopoles qui fixent les prix peu importe le jeu de l'offre et de la demande. De plus, «L'internationalisation de la production provoque chaque semaine des départs d'entreprises pour les zones de bas salaires des pays-ateliers du Tiers-Monde et le raffermissement de l'équilibre conflictuel entre régions, secteurs et groupes. On est loin du consensus: c'est l'empoigne généralisée autour du pot-au-beurre et le règne de l'idéologie puisque la discipline du marché et des contraintes physiques a disparu.»[23]

Le Québec n'a évidemment pas fait exception à ces changements internationaux. En fait, la Révolution tranquille a été caractérisée par le passage complet à ce régime de fonctionnement économique. Les années 1960 ont-elles également marqué une rupture idéologique importante et la fin du «repli dans l'agriculture» et de la tradition?

Ce qui nous intéresse ici plus particulièrement, c'est la présence, ou l'absence, de bourgeois après la Conquête. Il faut toujours garder en tête le fait que la Conquête de 1760 aurait signifié le «repli dans l'agriculture de subsistance» alors que l'échec de 1837-38 aurait entraîné le triomphe d'un «esprit» féodal anticapitaliste. Inutile d'entrer dans les détails et concédons que la période 1760 à 1800 fut, à tout le moins, une période d'ajustement. Cependant, dès le premier tiers du XIXᵉ siècle, des Canadiens français ont semblé surmonter les obstacles liés au changement de métropole et répondu adéquatement aux enjeux de leur époque. Le secteur bancaire nous servira de point de repère.

Donald Creighton et Fernand Ouellet, historiens prestigieux à une époque pas si lointaine, ayant décrété, ex cathedra, que les Canadiens français étaient réfractaires à l'esprit mercantile et capitaliste en raison de leur mentalité d'Ancien Régime, peu de chercheurs avaient osé les contredire et étudier sérieusement l'histoire des banques canadiennes-françaises. Pour sa part, Tom Naylor, dans

---

23 Wallot et Paquet, *op. cit.*, 518.

son *History of Canadien Business*, fit peu de cas des institutions bancaires francophones. Or, en 1985, une étude a été publiée sur neuf banques canadiennes-françaises entre 1835 et 1925 : la Banque du Peuple, la Banque Jacques-Cartier, la Banque Ville-Marie, la Banque Provinciale, la Banque d'Hochelaga, la Banque Nationale, la Banque de Saint-Hyacinthe, la Banque de Saint-Jean et la Banque Canadienne Nationale créée en 1925 à la suite de la fusion de la Banque Nationale et de la Banque d'Hochelaga[24]. Cette étude montre que les banques canadiennes-françaises ont exercé une influence non négligeable sur la société québécoise.

Comparables aux institutions canadiennes-anglaises de même dimension, les institutions francophones ont par contre mieux résisté aux pressions des très grosses banques au moment de la forte concentration bancaire de la fin du XIX$^e$ siècle et du début du XX$^e$. De plus, l'auteur n'a vu aucune trace d'un esprit d'Ancien Régime qui aurait animé les premiers banquiers canadiens-français et considère que les difficultés qu'ils rencontrèrent étaient essentiellement dues à l'étroitesse du marché québécois et la quasi-impossibilité pour ces banques d'étendre leurs activités dans des milieux anglophones.

Deux facteurs en particulier ont déterminé l'évolution des banques canadiennes-françaises : les changements structurels de l'économie canadienne et le clivage linguistique. De 1835 à 1875, les grandes banques, comme la Banque de Montréal, étaient essentiellement liées au grand commerce avec l'Angleterre, négligeant les activités commerciales internes. Voilà pourquoi les petits commerçants régionaux, francophones comme anglophones, créèrent des institutions bancaires pouvant servir de base au commerce local. La Banque du Peuple fut créée dans cette optique en 1833, tout comme la « Ontario Bank » et la « Exchange Bank of Yarmouth » pour ne citer que ces exemples. Au cours des années 1835-1875, le nombre de banques à chartes en Amérique du Nord britannique passa de 11 à 51. Sept de ces banques étaient canadiennes-françaises et comptaient, en 1875, sur un capital de 18 millions de dollars. Cette somme

---

[24] Rudin, Ronald, *Banking en francais*, Montréal, Boréal, 1985, 190 p. Voir aussi C. Couture, « Les banques canadiennes-françaises entre 1835 et 1925 », *Le Devoir*, 26 octobre.

représentait un capital en soi important et témoignait d'activités économiques dynamiques. Sans intérêt pour les grandes et moyennes banques canadiennes-anglaises, les petits épargnants canadiens-français devinrent une clientèle stable pour les marchands-banquiers francophones ou anglophones rejetés par l'élite «white anglo-saxon protestant», par exemple, l'Américain Jacob DeWitt qui fut administrateur de la Banque du Peuple.

De 1875 à 1921, les données structurelles changèrent. L'industrialisation et l'urbanisation, surtout à partir de 1901, amenèrent les grandes banques à diversifier leurs activités et à s'intéresser à la petite épargne. D'où la très forte concentration bancaire qui s'ensuivit. De 51 en 1875, le nombre de banques à chartes passa à 18 en 1918. Plusieurs banques canadiennes-anglaises disparurent, incapables de résister à la pression des grandes banques : la «Metropolitan Bank», la «City Bank», la «Exchange Bank», la «Stadacona Bank», etc. D'importantes banques canadiennes-françaises échouèrent également dans la tourmente des années 1895-1899 : la Banque du Peuple, la Banque Jacques-Cartier, la Banque Ville-Marie. En 1908, les banques municipales de Saint-Jean et de Saint-Hyacinthe durent fermer leurs portes, incapables de se ressourcer à l'extérieur de leur région. Quatre ans plus tard, l'équivalent anglophone de ces banques, la «Eastern Townships Bank» fut absorbée par la «Canadian Bank of Commerce».

Trois banques québécoises, par contre, ont su résister à l'expansion des banques comme la Banque de Montréal ou la Banque Royale en préservant leur clientèle francophone. En vingt ans (1901-1921) la Banque Nationale, la Banque d'Hochelaga et la Banque Provinciale triplèrent leur capital, 95% des nouveaux fonds provenant de l'épargne des Canadiens français. Nettement déclassé par l'agriculture ontarienne entre 1835 et 1871, le monde rural québécois a connu une véritable révolution entre 1901 et 1921, qui fit augmenter la valeur de la production agricole de 478%, le double de la production ontarienne pour ces mêmes années. De plus, toujours entre 1901 et 1921, l'exploitation de nouvelles ressources naturelles fit doubler la valeur de la production industrielle au Québec et changea considérablement la société québécoise du début du XX$^e$ siècle par rapport à la société québécoise de la première moitié du XIXe. Ces facteurs furent d'une grande importance pour le maintien des banques canadiennes-françaises.

Des trois, la Banque d'Hochelaga fut certainement la plus intéressante. Dirigée par des hommes d'affaires très habiles, notamment Marcellin Wilson et F.L. Béïque, la Banque d'Hochelaga fut la seule banque canadienne-française à compter parmi ses clients d'importantes entreprises non-francophones : la « Wayagamack Pulp and Paper », la « Wabasso Cotton », la « Shawinigan Cotton », etc. En 1925, à la suite des difficultés éprouvées par la Banque Nationale et de l'intervention du premier ministre Taschereau, la Banque d'Hochelaga se fusionna avec la Banque Nationale pour former la Banque Canadienne Nationale, au grand dam des ultra-nationalistes qui proposaient le nom de Banque Nationale du Québec.

L'histoire des banques québécoises permet donc de suivre le passage d'une société agricole en crise en 1835 à une société industrielle et urbaine dotée d'une agriculture sophistiquée au début du XXe siècle. Mais si les activités de ces banques étaient non négligeables, la part du capital canadien-français par rapport à l'ensemble du capital canadien n'a cependant jamais dépassé 10%. Il faut voir dans cette statistique la fragilité relative des institutions bancaires québécoises et, surtout, l'impossibilité pour les banquiers francophones d'avoir accès à un marché nord-américain élargi. S'il y a une différence entre la bourgeoisie québécoise d'aujourd'hui et celle d'avant la Révolution tranquille, c'est peut-être à ce niveau qu'il faudrait chercher.

Cela dit, il importe de distinguer entre la faiblesse relative de la bourgeoisie francophone et son inexistence. Car, outre le secteur bancaire, des francophones ont été actifs dans d'autres domaines. À tel point qu'en 1931, 57% des propriétaires de manufactures étaient d'origine francophone[25]. Par ailleurs pour l'industrie de la construction, la même année, les francophones représentent 75% des effectifs et 78% dans le transport et les communications[26]. Certes, le nombre

---

[25] Minville, Esdras, *Montréal Économique*, Montréal, Fidès, 1943, 340 p. Voir également l'annexe I.
[26] *Ibid.*

de francophones dans ces secteurs a diminué pendant la crise. Mais malgré ce recul, on ne peut nier la présence de francophones dans des activités économiques importantes. Ainsi, il est possible de reconnaître la place d'une bourgeoisie francophone qu'on a peut-être eu tort de négliger, surtout du point de vue de l'influence idéologique. Quelle était la «mentalité» et les valeurs de ces entrepreneurs? Avaient-ils les moyens d'influencer une société caractérisée par la place importante de l'Église? Avant de proposer des réponses à ces questions, quelques précisions sont ici nécessaires quant à la relation entre l'idéologie libérale et le développement d'une économie de marché.

## LE LIBÉRALISME

Pour comprendre l'évolution du libéralisme, aussi bien au Canada que dans le monde occidental, il faut remonter au moins jusqu'au XVIIᵉ siècle en Angleterre, et voir comment le libéralisme dit politique puis le libéralisme économique se sont développés.

Entre 1642 et 1649 puis en 1688, l'Angleterre connut d'abord une guerre civile puis un coup d'État. Ces deux événements devaient finalement concrétiser la victoire de l'aristocratie anglaise contre l'absolutisme royal. Les Anglais ont aussi expérimenté la première dictature militaire moderne, celle d'Oliver Cromwell entre 1649 et 1659. Cependant, le parti dominant au sein de l'aristocratie anglaise, les whigs, réussit en 1688 à renverser le roi catholique Jacques II et à donner la couronne à son gendre, le très antipapiste stathouder des Pays-Bas, le prince Guillaume d'Orange. Puis, en 1689, le Parlement, dominé par les whigs, adopta le «Bill of Rights», document qui constitue encore aujourd'hui la pierre angulaire du système politique anglais.

En 1689, John Locke publia ses deux *Traité du gouvernement civil*. Le libéralisme politique était lancé. Les institutions issues de la Déclaration du Parlement et le traité de Locke n'ont cessé depuis d'exercer une extraordinaire fascination. Montesquieu[27], Voltaire[28],

---

27 Montesquieu, *L'esprit des lois*, Paris, Les Belles-Lettres, 4 vol.
28 Voltaire, *Lettres philosophiques*, Paris, Gallimard, 1986, 280 p.

pour ne nommer que ces deux philosophes français, ont éprouvé au XVIIIe siècle une vive admiration pour ces institutions et principes. À tel point qu'ils ont réussi, par leurs écrits, à convaincre une partie importante de l'aristocratie française[29] à adopter ce libéralisme aristocratique et à chambouler l'absolutisme français.

Car, ce premier libéralisme est bel et bien aristocratique. Il repose, en premier lieu, sur cette idée, défendue par Locke, que Dieu a concédé aux hommes des droits fondamentaux que nul pouvoir ne peut réprimer. Ce sont les droits à la vie, à la liberté et à la propriété. Ainsi, nulle force arbitraire n'est au-dessus de ces droits. Selon Locke, il est même du devoir du peuple de renverser un tyran qui aurait systématiquement violé ces droits[30]. Par ailleurs, la meilleure façon de garantir le respect des droits fondamentaux est l'équilibre des pouvoirs. Contrairement à Hobbes qui pensait que le gouvernement ne pouvait accepter aucune fragmentation, Locke a cru que la division du pouvoir entre le législatif et l'exécutif au sein du gouvernement était la meilleure protection contre la tyrannie et la violation des droits fondamentaux.

Équilibre des pouvoirs et droits fondamentaux. Telles ont été les deux notions clefs du libéralisme politique anglais de la fin du XVIIe siècle. Cependant, ce libéralisme n'était pas démocratique. Le «peuple» dont il est ici question est celui très restreint des propriétaires fonciers. Par ailleurs, il serait absurde de voir dans ces idées le triomphe de la bourgeoisie moderne à un moment où la Révolution industrielle n'était qu'une virtualité. La victoire des aristocrates en 1688 a donc scellé pour au moins deux siècles un système politique élitiste, celui des aristocrates «whigs»[31].

D'origine galéique, le mot *whig* désignait d'abord les rebelles écossais de confession presbytérienne qui refusaient toute union ecclésiastique avec l'Angleterre. Le mot *tory*, d'origine irlandaise, s'appliquait aux hors-la-loi catholiques irlandais issus de la rébellion

---

[29] Chaussinand-Nogaret, Guy, *La noblesse au XVIIIe siècle*. Bruxelles, Édition Complexe, 1984, 250 p.

[30] Locke, John, *Traité du gouvernement civil*, Paris, Flammarion, 1984, 410 p.

[31] Mais l'Angleterre a-t-elle vraiment changé au XXe siècle ?

de 1641[32]. Vers 1680, au moment de la discussion, au Parlement, visant à l'exclusion de Jacques d'York, futur Jacques II, les termes tory et whig furent utilisés, le premier pour décrire les partisans de l'exclusion des catholiques, le second pour affubler les supporteurs légitimistes du roi Charles II et de son fils.

Après la victoire de 1688, les whigs dominèrent la politique jusqu'aux années 1760. Cependant, avec George III, les tories retrouvèrent une place prépondérante qu'ils ont conservée jusqu'aux années 1830. Les whigs reprirent alors le pouvoir et réalisèrent une importante réforme électorale connue sous le nom de « Reform Bill ». À la suite de cette réforme le nombre des électeurs passa de 432,000 à 712,000. Nul autre que « Radical Jack », notre lord Durham, fut l'un des principaux concepteurs de cette loi qui fit entrer dans le collège électoral les nouveaux bourgeois de la Révolution industrielle. Dès lors, les whigs devinrent les libéraux et les tories les conservateurs. Cependant, malgré cette réforme, le pouvoir politique, comme on l'a maintes fois démontré, resta entièrement aux mains de l'aristocratie anglaise jusqu'à la veille de la Première Guerre mondiale[33]. Phénomène encore plus intéressant, le faîte de la pyramide sociale n'a guère été modifié en Angleterre au XIX$^e$ siècle.

Malgré la révolution industrielle, les 100 familles les plus riches d'Angleterre au début du XX$^e$ siècle étaient encore aristocratiques[34]. Quant aux bourgeois de la révolution industrielle, sitôt enrichis, ils ont cherché à vivre en aristocrates sans jamais être vraiment adoptés par la noblesse anglaise du XIX$^e$ siècle[35]. En fait, l'aristocratie anglaise a donné aux bourgeois parvenus du XIX$^e$ siècle

---

[32] Mourre, Michel, *Dictionnaire historique universel*, Paris, Hachette, 1987, 1683.

[33] Mayer, Arno, *La persistance de l'Ancien Régime*, Paris, Flammarion, 1983, 11-22 et 151-63. Lequin, Yves, « La résistance des aristocraties », Pierre Léon (dir.), *Histoire économique et sociale du monde*, Paris, Armand colin, 1978, tome 4, 314. Guttsman, W.L., *The British Political Elite*, Londres, McGibbon, 1965, 34-60.

[34] Rubinstein, M.D., *Men of property*, New Brunswick, 1981, 195-6 et 215-20.

[35] Stone, Laurence, « L'Angleterre de 1540 à 1880: pays de noblesse ouverte », *Annales, Économie, Société, Civilisation*, Janvier-février 1985, 1, 71-94.

une idéologie, le libéralisme élitiste, et un mode de vie, celui des gentilhommes campagnards, tout en les excluant minutieusement. Ainsi, en Angleterre, de 1750 à 1900, soit au moment de l'avènement du capitalisme industriel, l'ancien ordre social, politique et idéologique, loin d'être pulvérisé par le nouveau monde économique, a en fait été un facteur de cohésion essentiel.

Développé d'abord dans l'industrie du coton entre 1750 et 1820 par des yeomans et des artisans anglais, le capitalisme moderne gagna par la suite d'autres secteurs de production pour s'imposer complètement après 1850[36]. Or, en 1776, Adam Smith publia la *Richesse des nations*. Dans cet ouvrage, Smith défendit l'idée que les riches étaient amenés par une force invisible à faire le bien et à redistribuer la richesse[37]. Toute entrave à l'évolution de la «main invisible» était donc un obstacle artificiel au fonctionnement économique naturel. Évidemment, très peu parmi les premiers entrepreneurs de la Révolution industrielle ont lu Smith[38]. Cependant, l'idée que le libre marché repose sur une loi économique incontrôlable circula rapidement et servit de justification théorique, complémentaire à l'idée de la primauté de la propriété privée du libéralisme aristocratique, aux activités des capitalistes modernes. De cette façon le libéralisme économique fut le complément logique du libéralisme politique aristocratique. L'ancien et le nouveau monde libéral triomphaient.

Toutefois, cette forme de libéralisme n'était pas exclusive. Elle ne l'est toujours pas d'ailleurs. En proclamant l'universalité des droits fondamentaux, les libéraux du XVIIIe siècle ont en quelque sorte créé une bombe à retardement. En effet, depuis le XVIIIe siècle, l'ordre aristocratique et bourgeois a été contesté un peu partout dans le monde au nom de ces droits fondamentaux. Ainsi dans la déclaration d'indépendance des États-Unis en 1776, Thomas Jefferson a justifié l'insurrection par le fait que la mère-patrie dépouillait systé-

---

[36] Mathias, Peter, *The First Industrial Nation*, Londres, Rutledge, 1969 (1983), 493 p.

[37] Helbronner, Robert L., *Les grands économistes*, Paris, Seuil, 1970, 350 p.

[38] *Ibid*.

matiquement les habitants des treize colonies de leurs droits à la vie, à la liberté et à la recherche du bonheur[39]. En France, pendant la Révolution, les radicaux ont réclamé l'exercice politique pour tous les citoyens, donc le suffrage universel. Tout au long du XIX^e siècle et du XX^e siècle, les exclus, nations opprimées, ouvriers, paysans, femmes, ont fait tour à tour du droit des peuples à disposer d'eux-mêmes, du suffrage universel, de l'égalité politique et juridique des sexes, enfin du droit à l'éducation, les grandes revendications politiques du monde moderne. En France, en Angleterre et ailleurs, l'idée, entre autres, d'une vraie liberté était inconcevable sans le droit de vote pour tous. La passion pour la liberté a donc été constante. Et le libéralisme, depuis le XVIII^e siècle, n'a cessé d'osciller d'un pôle élitiste et conservateur à un pôle réformiste, voire radical. De plus, dans certains pays, le radicalisme libéral a été fortement teinté d'anticléricalisme.

### LIBÉRALISME ET NATIONALISME

Un autre aspect important du libéralisme a été, au XIX^e siècle, le lien étroit entre cette idéologie et le nationalisme. La Révolution française avait, en effet, proclamé la reconnaissance des droits fondamentaux tels que le droit à la vie, à la liberté et au bonheur, mais aussi le droit des nations à disposer d'elles-mêmes. L'échec, définitif, de la France en 1815 aux mains des puissances absolutistes comme la Prusse, la Russie et l'Autriche, appuyées par une Grande-Bretagne «libérale» mais opposée à certains principes de la Révolution de 1789, allait freiner, pour un temps, l'éveil national de plusieurs peuples d'Europe.

Cependant Polonais, Hongrois, Allemands, Italiens ne vont cesser de réclamer, tout au long du XIX^e siècle, la création d'États nationaux. Luttant contre les principes du traité de Vienne de 1815 qui incarnaient le triomphe des forces absolutistes, les nations opprimées d'Europe ont aussi revendiqué, comme complément à la recon-

---

[39] Marienstras, Elise, «Thomas Jefferson et la naissance des États-Unis», *L'Histoire*, Janvier 80, 19, 31-9.

naissance nationale, la ratification de constitutions spécifiant le partage des pouvoirs entre un gouvernement exécutif (à la rigueur monarchique) et un gouvernement législatif issu d'un suffrage censitaire et mâle. Le libéralisme et le nationalisme n'ont donc pas toujours été antagoniques. Au contraire. Dans le contexte des projets d'unification de l'Italie, de l'Allemagne, ou d'affirmation nationale hongroise, libéralisme et nationalisme étaient deux réalités parfaitement complémentaires.

Toutefois, à la suite, entre autres, de l'unification de l'Italie (1861 et 1870) et de l'Allemagne, plusieurs nationalistes libéraux sont rapidement devenus très conservateurs sur le plan social. L'anticléricalisme s'est atténué après 1870, notamment en Italie. Des libéraux ont même cherché des voies de compromis avec l'Église, retranchée au Vatican à partir de 1870, laquelle depuis le Moyen Âge avait été un formidable obstacle à l'unification de ce pays.

En somme, les ramifications du libéralisme sont tellement nombreuses qu'on ne peut parler *d'une* seule pensée libérale. Cependant, il est possible de dégager au moins deux grandes tendances. D'une part, un libéralisme aristocratique et élitiste, comme aux XVIIᵉ et XVIIIᵉ siècles, essentiellement conçu par et pour des propriétaires fonciers, aristocrates ou bourgeois d'Ancien Régime anoblis. L'individualisme et la propriété privée sont les valeurs fondamentales de cette forme de libéralisme. Avec la Révolution industrielle, le libéralisme dit économique, celui des bourgeois parvenus de la fin du XVIIIᵉ siècle et du XIXᵉ siècle, fut amalgamé sans trop de problèmes à ce libéralisme élitiste. D'autre part, le libéralisme radical, par moments violemment anticlérical et nationaliste, dominé par la passion de la liberté, fut aux XVIIIᵉ et XIXᵉ siècles une doctrine politique essentielle au moment des révolutions et des contestations de l'ordre social et/ou colonial. Le pendule idéologique n'a cessé d'osciller au XIXᵉ siècle entre ces deux principaux pôles du libéralisme, créant ainsi une variété de situations qui contribua énormément à la difficulté de saisir le libéralisme.

## LE LIBÉRALISME AU QUÉBEC

Au Québec, malgré les différents contextes économiques depuis la fin du XVIIIᵉ siècle, un fait demeure: la persistance d'une forme ou d'une autre de pensée libérale. Dans le cas du libéralisme radical, anticlérical et nationaliste, son apogée fut sans doute au cours du premier tiers du XIXᵉ siècle. Doctrine du parti canadien ou patriote, le libéralisme radical rallia les opposants aux administrateurs britanniques et aux marchands anglo-saxons dont les intérêts s'opposèrent à ceux des «classes moyennes» canadiennes-françaises. Ce fut, d'ailleurs, au nom des principes libéraux de la Révolution américaine que les patriotes se révoltèrent contre la tyrannie de la «gentry» britannique et de marchands britanniques insérés dans le réseau de l'économie mercantile[40]. Fait à noter cependant, quelques hommes d'affaires canadiens-français comme Augustin Cuvillier (1979-1849) et Joseph Masson (1791-1847)[41] qui avaient réussi à pénétrer ce réseau, n'appuyèrent pas le radicalisme des patriotes non pas en raison d'un attachement à un ordre féodal et agriculturiste dépassé, mais tout simplement parce que cela allait contre leurs intérêts économiques de capitalistes commerciaux. Déjà, le pendule idéologique libéral oscillait au Canada français sans qu'il soit nullement question du «traditionalisme» pré-moderne et monolithique.

L'échec des rébellions de 1837-38 puis l'Acte d'Union en 1840 ont porté un dur coup au libéralisme radical. De 1840 à 1867, les radicaux continuèrent malgré tout leur lutte, d'abord au sein du parti réformiste et ensuite avec les Rouges. Si les réformistes obtinrent une grande victoire avec l'obtention du gouvernement responsable en 1848, la Confédération fut une amère défaite pour les Rouges. En fait, cette défaite, combinée aux pressions de l'Église, a sans doute beaucoup contribué à l'effacement du libéralisme radical à partir des années 1870. Mais tout comme la fragilité de la bourgeoi-

---

[40] Ouellet, Fernand, *Histoire économique et sociale du Québec: 1760-1840*, Montréal, Fides, 1971, 640 p.
[41] Ouellet, Fernand, «Joseph Masson», *Dictionnaire biographique du Canada*, Ottawa, tome X, 1970, 641-5.

sie canadienne-française au XIX<sup>e</sup> siècle a souvent été confondue avec son inexistence pure et simple, l'essouflement du libéralisme radical a été interprété comme la disparition complète du libéralisme. Or, au cours des années 1870, plusieurs jeunes radicaux de la génération de Wilfrid Laurier ont adopté des positions plus modérées, surtout face à l'Église, et se sont concentrés sur le développement économique dans le cadre de l'émergence du capitalisme industriel. Des libéraux, comme Frédéric Béïque et Raoul Dandurand, ont été, au niveau provincial, des adeptes du parti national d'Honoré Mercier avant de suivre, dans les années 1890, Wilfrid Laurier au niveau fédéral. Le phénomène idéologique et politique le plus important des années 1867 à 1940 et qui fut négligé par l'historiographie a été l'influence, profonde sur la société québécoise, de ces libéraux modérés et le contrôle du Québec qu'ils ont assuré ou transmis pendant la première moitié du XX<sup>e</sup> siècle. L'un des instruments politiques et idéologiques de cette domination a été la presse à grand tirage.

# CHAPITRE II

# LES JOURNAUX CANADIENS-FRANÇAIS

## LA PRESSE

En 1929, *la Presse* s'apprêtait à fêter son cinquantième anniversaire de fondation. Source d'une extraordinaire richesse pour l'historien, *la Presse* a été pendant une centaine d'années à la fois acteur et témoin essentiels de la société québécoise. Cependant, lorsqu'elle fut fondée, au XIX<sup>e</sup> siècle, l'entreprise semblait peu viable.

En effet, le climat était assez trouble lorsque *la Presse* fut lancée, le 20 octobre 1884, par William-Edmond Blumhart[42]. Ce dernier était le gendre, depuis 1883, de Louis-Adélard Sénécal, célèbre homme d'affaires canadien-français et partisan, au sein du Parti conservateur, de la tendance «Chapleau» contre la tendance «Langevin». Premier ministre du Québec entre 1879 et 1882, J.-A. Chapleau entra en politique fédérale à la demande de John A. MacDonald qui se cherchait un lieutenant francophone plus charismatique qu'Hector Langevin. Conservateurs modérés, favorables au «progrès», Chapleau et ses partisans menèrent une guérilla au clan «Langevin», plus conservateur (au sens idéologique) et lié aux ultramontains[43].

---

[42] Beaulieu, André et Jean Hamelin, *Les journaux du Québec*, Québec, Presses de l'Université Laval, 1965, 142-3, et *La presse québécoise. Des origines à nos jours*. 3 : 1880-1895, Québec, Presses de l'Université Laval, 1977, 113-8.

[43] Felteau, Cyrille, *Histoire de La Presse. Le livre du peuple : 1884-1916*, Montréal, Éditions La Presse, 1984, 53-83. Sur Louis-Adélard Sénécal, voir Gérard Parizeau, *La société canadienne-francaise au XIX<sup>e</sup> siècle*, Montréal, Fides, 1975, 319-54.

En août 1884, Blumhart, un «sénécaliste», vendit à Hector Langevin les presses du journal *le Monde*, pour publier, au lendemain de cette même vente, *le Nouveau monde*, présenté comme l'organe du groupe «Chapleau»[44]. Menacé de poursuites par Langevin, Blumhart fonda alors *la Presse*. De 1884 à 1889, le journal eut de nombreuses difficultés. Blumhart, pour des raisons de santé, le vendit à Clément Dansereau, frère du journaliste et éditeur de *la Minerve*, Arthur Dansereau. Lui-même le revendit à l'homme d'affaires Guillaume-Adolphe Nantel en 1888. *La Presse*, qui tirait alors à 14 000 exemplaires, n'était toujours pas rentable. Aussi, en novembre 1889, le quotidien fut-il vendu à Trefflé Berthiaume, un ancien typographe de *la Minerve*, le véritable organe du groupe «Chapleau».

Berthiaume, «un vrai typo, selon Rumilly, parlant peu mais connaissant à fond son métier»[45], confia l'administration de l'entreprise à Herménégilde Godin, avec qui il avait travaillé à *la Minerve*[46]. En 1891, *la Presse* déménagea rue Saint-Jacques. Une solide équipe de journalistes assura la rédaction: Jules Helbronner, spécialisé dans les affaires ouvrières (pseudonyme: Jean-Baptiste Gagnepetit), Dominique Derome, Rémi Tremblay, Lovigny de Montigny, Pierre-Marc Sauvalle[47]. Ainsi, l'action conjuguée de la bonne administration de Berthiaume et Godin, les articles de Helbronner sur le monde ouvrier, des améliorations techniques apportées aux presses, une mise en page moins austère et l'utilisation d'illustrations firent de *la Presse*, au cours des années 1890, un journal très populaire. En fait, le tirage passa de 20 431 exemplaires en 1892 à 63 216 en 1899[48]. Cette même année, Arthur Dansereau, le «boss», entra au journal comme directeur politique après avoir été pendant de nombreuses années éditeur-propriétaire de *la Minerve*.

Ami personnel de Chapleau (décédé en 1898), Dansereau fut l'un des nombreux conservateurs modérés qui rallièrent le Parti

---

[44] Beaulieu, André et Jean Hamelin, *op. cit.*, 142.
[45] Rumilly, Robert, *Histoire de Montréal*, Montréal, Fides, 1972, 230.
[46] Beaulieu, André et Jean Hamelin, *op. cit.*, 142.
[47] Beaulieu, Cyrille, *op. cit.*, 179-97.
[48] Beaulieu, André et Jean Hamelin, *op. cit.*, 142.

libéral de Laurier à partir de 1896. Chapleau lui-même, retiré depuis 1892 à Spencer Wood, Israël Tarte et Dansereau furent en fait parmi les conservateurs les plus en vue à se joindre aux libéraux, essentiellement parce qu'ils étaient «insatisfaits de la politique fédérale du parti conservateur devant la question des écoles du Manitoba, aigris dans leur lutte contre l'élément ultramontain du parti conservateur québécois, fascinés par la diplomatie et le prestige de Laurier»[49]. Dès ses origines, donc, la Presse, sans être un journal radical, a été la création de politiciens et d'hommes d'affaires francophones qui se sentaient mal à l'aise avec les «ultramontains» et voyaient la promotion du Canada français dans l'ouverture aux réalités nord-américaines et au monde anglo-saxon.

À la fin du XIXe siècle et au début du XXe, la Presse acquit une grande notoriété en s'inspirant de la presse à sensation américaine, notamment le Journal de New York, le Chicago American et le Chicago Examiner, tous propriétés de William Hearst. Comme exemple du type de journalisme pratiqué par la Presse, rappelons le reportage de Léon Trépanier qui réussit à interviewer un condamné à mort en se faisant passer pour un avocat. La Presse fit également parler d'elle lorsqu'en 1901, Lorenzo Prince, le «gérant de la rédaction», et Auguste Marion, un journaliste, gagnèrent une course autour du monde contre des journalistes du Matin de Paris, du Journal de Paris, du Chicago American, du New York Journal et du San Francisco Examiner. Au beau milieu de l'aventure, Marion fut arrêté en Mandchourie! La Presse devint célèbre dans le monde entier[50].

De 1889 à 1916, la Presse continua sa progression au point d'atteindre un tirage de 121 085 exemplaires en 1913[51]. La Presse se hissait ainsi au rang du plus important journal au Canada, du moins en ce qui a trait au tirage. Cependant, en octobre 1904, le journal

---

[49] Hamelin, Marcel, «Introduction», Marcel Hamelin, éd., Les mémoires du sénateur Raoul Dandurand, Québec, Presses de l'Université Laval, 1967, 3.

[50] Eskerton, W.H., A History of Journalism in Canada, Toronto, Macmillan of Canada, 1967, 220 p.

[51] Beaulieu, André et Jean Hamelin, op. cit., 142.

faillit passer aux «Anglais» à la suite d'obscures tractations. Trefflé Berthiaume vendit *la Presse* pour 750 000$ à David Russell, qui agissait pour le compte de M. Mackenzie et M. Mann, deux promoteurs de chemins de fer intéressés par la construction d'un troisième réseau transcontinental de chemin de fer. Comme les libéraux fédéraux n'approuvaient pas le projet, Mann et Mackenzie auraient alors ourdi un complot contre Laurier pour lui faire perdre les élections. Et l'une des pièces de ce complot était l'achat de *la Presse*, le plus important quotidien francophone[52]. Olivar Asselin et Jules Fournier, alors jeunes journalistes, dévoilèrent le «complot» dans *le Nationaliste*. Il fallut l'intervention de Laurier lui-même, aidé par Thomas Côté, qui se retrouva «gérant à la rédaction» de *la Presse* de 1906 à 1909, pour que Berthiaume retrouve «son» journal. Cette affaire fut cependant le seul véritable grave problème que connut *la Presse* sous Berthiaume.

Par contre, à la mort de ce dernier, en 1916, *la Presse* entra dans une période de grandes rivalités familiales pour la succession. De 1916 à 1922, Eugène Berthiaume, allié avec son frère cadet Édouard, prit le contrôle de la salle de rédaction et évinça l'aîné et en principe successeur de Trefflé Berthiaume, Arthur Berthiaume, qui conserva malgré tout la responsabilité des finances. En 1922, Eugène tenta le grand coup et forma un conseil d'administration qui excluait Arthur, de même que Zénon Fontaine, le fiduciaire testamentaire et Pamphile Réal Du Tremblay, mari d'Angélina Berthiaume. Du Tremblay conçut alors une foudroyante contre-offensive juridique qui se termina par la déroute complète d'Eugène Berthiaume qui dut se contenter d'un poste de représentant de *la Presse* à Paris. De 1922 à 1932, Arthur assuma la présidence. Mais le véritable leader était en fait Pamphile Du Tremblay. D'ailleurs, en 1932, à la mort d'Arthur, cette situation fut officialisée puisque Du Tremblay devint président de *la Presse*, tâche qu'il remplit efficacement jusqu'à sa mort en 1955[53].

---

[52] Felteau, Cyrille, *op. cit.*, 319-41.
[53] Felteau, Cyrille, *Histoire de la Presse. Le plus grand Quotidien francais d'Amérique*, Montréal, Editions La Presse, II, 1984, 7-91.

Malgré toutes ces querelles, le tirage de *la Presse* n'a cessé d'augmenter. En 1933, *la Presse* tirait la semaine 152 000 exemplaires et le samedi, 180 000[54]. De plus, en 1922, *la Presse* lança son propre poste de radio, CKAC, qui devint rapidement le poste de radio le plus important au Canada français[55]. En 1929, CKAC fit construire à Saint-Hyacinthe un centre émetteur qui fut pour un certain temps le plus moderne au Canada. Par ailleurs, *la Presse* étendit son influence au cinéma en projetant ses «actualités filmées» dans plusieurs salles du Québec. En 1932, par exemple, les «actualités filmées de *la Presse*» pouvaient être vues dans huit cinémas montréalais: le Palace, le Saint-Denis, l'Electra, le Cartier, le Maisonneuve, le Victoria, le Caméo, le Starland, l'Alexandra. À Verdun, les «actualités filmées de *la Presse*» étaient présentées au Palace, au Québec, à Québec, au Classic, au Rialto et à l'Impérial; à Trois-Rivières, au chic Capitol, situé boulevard des Forges; à Sherbrooke, au Premier; à Hull, au Laurier; à Valleyfield, au Royal; à Sorel, à l'Eden; à Shawinigan, à l'Auditorium; à Rivière-du-Loup, au Princess et au Régal de Rouyn[56]. Bref, le journal était présent, d'une façon ou d'une autre, dans presque toutes les régions du Québec. Au cours du premier tiers du XXe siècle, *la Presse* était sans doute une institution plus importante encore pour la société québécoise qu'aujourd'hui. Sa réussite était un objet de fierté pour toutes la «race» canadienne-française, à l'exception des rédacteurs du *Devoir* qui la trouvaient trop anglophile et pas assez nationaliste, du moins au sens où eux l'entendaient.

La carrière de Pamphile Du Tremblay est un autre bel exemple du rayonnement de *la Presse*. Né à Sainte-Anne-de-la-Pérade le 5 mars 1879[57], Pamphile Réal Du Tremblay fit ses études au Collège de Trois-Rivières et à L'École normale de Québec, puis son droit à l'Université Laval de Montréal et à l'Université McGill. En 1907, il

---

[54] *Ibid.*, 28.

[55] *Ibid*, 59.

[56] *La Presse*, 9 janvier 1932, 60.

[57] Ouimet, Raphaël, *Biographies canadiennes-francaises*, Beauceville, 1930-31, 476.

épousa Angélina Berthiaume, fille de Trefflé Berthiaume. Dix ans plus tard, il fut élu député à la Chambre des Communes, siège qu'il abandonna en 1921 pour laisser la circonscription à Lomer Gouin, qui entrait alors en politique fédérale. Fait très intéressant dans le cas de Pamphile Du Tremblay, il fut directeur, au cours des années 1920 et 1930, de plusieurs compagnies, principalement des compagnies d'assurances comme la «Yorshire Insurance Co. Ltd», ou encore la «Mount Royal Co.», et d'entreprises dans le secteur immobilier, par exemple la «Drummond Investment Co.» et «Montreal Appartments Ltd»[58]. À ce titre, Du Tremblay fit d'ailleurs construire plusieurs somptueuses maisons à appartements, notamment le «Drummond», le «Drummond Court» et «Le Château» qu'il habita lui-même avec sa femme Angélina[59]. Situé sur la rue Sherbrooke, presque en face du Ritz Carlton, le Château est probablement, avec le Ritz, Eaton et l'édifice Holt Renfrew, l'un des plus beaux édifices du centre-ville. En faisant construire un tel immeuble dans un quartier de la ville habituellement réservé aux très riches Canadiens anglais, Du Tremblay suivait ainsi l'exemple d'autres membres de la haute bourgeoisie canadienne-française, dont Marcellin Wilson, Rodolphe Forget et Donat Raymond, qui avaient fait ériger, ou habité avenue du Musée, en plein «golden square mile», de fastueuses demeures.

En plus de Pamphile Du Tremblay, trois hommes ont exercé une grande influence sur *la Presse* des années 1920 et 1930. Il s'agit d'Oswald Mayrand, Eugène Lamarche et Hervé Major. Mayrand fut rédacteur en chef de *la Presse* pendant vingt-et-un ans, soit de 1912 à 1933. Après des études en droit à l'Université McGill, Mayrand entra à *la Presse* en 1899. En 1907, il fondait une revue hebdomadaire d'action politique et sociale, *le Progrès*, qu'il abandonna au bout d'un an pour rentrer à *la Patrie* puis, pour une deuxième fois, à *la Presse*[60].

Lorsque *la Patrie* fut achetée par *la Presse* en 1933, Mayrand fut nommé directeur de ce journal. En quelques années, il fit grimper

---

[58] *Ibid*.
[59] Felteau, Cyrille, *op. cit.*, II : 25.
[60] Ouimet, Raphaël, *op. cit.*, 447.

le tirage de *la Patrie* du dimanche à 300 000 exemplaires[61]. En 1921, il fut élu vice-président du «Press Congress of the World» lors d'une réunion tenue à Honolulu[62]. Mayrand se distingua également en recevant, en 1925, le titre d'Officier d'académie par le gouvernement français et se retrouva, en 1947, membre de la sous-commission de l'ONU pour la liberté de presse. Il mourut à l'âge de 93 ans en 1969.

Pour sa part, Eugène Lamarche travailla à *la Presse* pendant cinquante-et-un ans[63]. En 1933, il remplaça Oswald Mayrand comme rédacteur en chef. Selon Felteau, Lamarche appliquait à la lettre les consignes de Du Tremblay en ce qui concernait la page éditoriale. Enfin, Hervé Major a été «chef des nouvelles» (directeur de l'information) de 1928 à 1958. Au cours des années 50, Hervé Major fut à deux reprises président de la Presse canadienne. Son influence s'avéra déterminante pour la création d'un service français dans cette agence.

Qui écrivait les éditoriaux anonymes de *la Presse*? Il est certain qu'entre 1929 et 1935, ces trois hommes, Mayrand-Lamarche-Major, de même que Du Tremblay, ont orienté la page éditoriale. Par ailleurs, sous la direction d'Hervé Major, *la Presse* abandonna les excès du journalisme «jaune». Major veilla également à ce que les articles soient mieux écrits. Au début du siècle, Jules Fournier se délectait, dans *le Nationaliste*, des erreurs de «la Grosse presse». Grâce aux efforts d'Hervé Major, la situation s'améliora au point que *la Presse* reçut, en 1931, la médaille de l'Académie française pour la qualité de son français écrit[64]. Dans l'ensemble, les éditoriaux de *la Presse* étaient assez bien écrits et se comparaient avantageusement aux éditoriaux du *Soleil* et, surtout, du *Canada*, réputé pourtant pour être un journal visant une clientèle plus intellectuelle.

---

[61] Felteau, Cyrille, *op. cit.*, II: 119.

[62] *Ibid.*

[63] *Ibid.*, 120.

[64] *Ibid.*, 106.

## LE CANADA

Comme *la Presse, le Canada* a été fondé dans la tourmente des luttes politiques. À la fin du XIXᵉ siècle, on l'a vu, plusieurs conservateurs modérés rallièrent le Parti libéral. Parmi ceux-ci, Israël Tarte. En 1897, Tarte acheta le journal *la Patrie* qu'il mit au service des libéraux[65]. Critiqué par l'aile gauche du Parti, notamment les frères Langelier et Ernest Pacaud qui voyaient d'un mauvais œil ce converti de la onzième heure, Tarte se brouilla, finalement, avec Laurier, sur la question du tarif et quitta les libéraux en 1903[66].

Un groupe d'hommes d'affaires libéraux francophones décida alors de créer un nouveau journal pour remplacer *la Patrie*. *Le Canada* était ainsi lancé, grâce aux subsides de Donat Raymond, Marcellin Wilson et Frédéric-Liguori Béïque[67].

La carrière de Béïque fut tout aussi intéressante que celle de Du Tremblay. Né en 1845 à Saint-Mathias, il fit ses études au Collège de Marieville puis vint à Montréal pour suivre les cours à la Faculté de droit de l'Université Laval à Montréal[68]. Rapidement acquis à la cause libérale, il milita très jeune au Club national. Plus tard, il devint un ardent partisan de Mercier et fut l'un des fondateurs du Parti national. Son attachement à Mercier l'amena d'ailleurs à agir comme procureur de ce dernier devant la «Commission chargée d'enquêter dans la cause du chemin de fer de la Baie des Chaleurs»[69]. En 1896, il représenta le Canada devant la Commission des pêcheries de la mer de Behring. Appelé au Sénat en 1902, Béïque fut considéré comme le principal auteur de la Loi des chemins de fer en 1903 et de plusieurs modifications à la Loi des banques. Son intérêt pour l'économie se comprend facilement puisqu'il était également très impliqué dans le monde des affaires. Ainsi, en 1873, il fut l'un des membres-

---

[65] Beaulieu, André et Jean Hamelin, «Aperçu du journalisme canadien-français», *Recherches sociographiques*, 8, 3 (1966) : 323.
[66] Hamelin, Marcel, *op. cit.* 3-4.
[67] Beaulieu, André et Jean Hamelin, «Aperçu du journalisme canadien-français», *op. cit.*, 323.
[68] Ouimet, Raphaël, *op. cit.*, 495.
[69] *Ibid.*

fondateurs de la Banque d'Hochelaga[70]. Un demi-siècle plus tard, il se retrouvait président de la Banque Canadienne Nationale créée à la suite de la fusion de la Banque d'Hochelaga et de la Banque Nationale. Entre-temps, il entra au Conseil exécutif du Canadien Pacifique et de la «Canadian Cottons Ltd». En plus de ses nombreuses activités économiques et politiques, Béïque fut président de l'Université de Montréal dans les années 1920, membre de la Commission des Écoles catholiques de Montréal et de la Ligue pour la Prévention de la Tuberculose[71]. De 1899 à 1905, il présida la Société Saint-Jean-Baptiste de Montréal qu'il dota de deux organismes extrêmement utiles: la Caisse nationale d'économie et la Société nationale de Fiducie[72]. Il s'éteignit à l'âge de 88 ans en 1933.

Marcellin Wilson et Donat Raymond appartenaient également à la haute bourgeoisie francophone du début du siècle. Le premier, né en 1859 à l'Ile Bizard, fit ses études commerciales à l'Académie du Plateau. À l'âge de 20 ans, il entra dans une compagnie d'importation de vins et liqueurs, Mongenais et Boivin Cie. Dix ans plus tard, il était devenu l'un des principaux associés de la firme qui fut réorganisée sous le nom de «Boivin, Wilson et Cie, importateurs de vins et liqueurs». Lors de la création de la Commission des liqueurs, il se lança dans le monde de la finance. Sénateur à la Chambre Haute à partir de 1911, il fut au cours des années 20, directeur de la Banque Canadienne Nationale, du Trust Général du Canada et de plusieurs autres compagnies[73]. Vivement intéressé, tout comme le sénateur Béïque, par le projet de création d'une université à Montréal, il donna 50 000$ lors de la campagne de souscription en faveur de cette institution. Et en 1926, il ouvrit, à Paris, une maison d'accueil pour les étudiants canadiens (québécois).

Quant à Donat Raymond, il fit fortune dans l'hôtellerie en se portant acquéreur de l'Hôtel Queen's, ainsi que de l'Hôtel Windsor,

---

[70] Rudin, Ronald, *Banking en francais. The French Banks of Quebec*, Toronto, University of Toronto Press, 1985, 105-6.

[71] Ouimet, Raphaël, *op. cit.*, 495.

[72] Asselin, Olivar, «Le sénateur Béique», *le Canada*, 13 septembre 1933, 1.

[73] Ouimet, Raphaël, *op. cit.*, 415.

«la splendeur du square Dominion»[74]. En pleine crise économique des années 1930, Raymond fit partie d'un syndicat d'hommes d'affaires qui acheta Le Ritz Carlton et l'Hôtel Mont-Royal[75]. Lui aussi contribua largement à la caisse de l'Université de Montréal. Il était également propriétaire d'une importante ferme expérimentale à Vaudreuil qui se spécialisa dans l'industrie laitière.

Ces trois hommes furent donc les principaux bailleurs de fonds de l'organe le plus politique de la bourgeoisie libérale montréalaise. Le premier directeur-gérant du *Canada* fut Godfroy Langlois, poste qu'il occupa de 1903 à 1909. Libéral radical, Langlois mena dans le journal plusieurs campagnes pour la réforme de l'enseignement. Ancien collaborateur d'Honoré Beaugrand à *la Patrie*[76], il fut préféré à Calixte Lebeuf, jugé encore plus radical, pour le poste de rédacteur en chef de ce journal lors de son achat par Israël Tarte en 1897. En 1903, il quitta *la Patrie* à la suite de la rupture Tarte-Laurier. Il eut comme rédacteur en chef, au *Canada*, Marc Sauvalle, un ancien de *la Presse* et du *Canada-Revue*, périodique férocement anticlérical sur lequel s'abattirent les anathèmes de Mgr Fabre[77]. Député de Saint-Louis en même temps qu'il occupait ses fonctions au *Canada*, Langlois fut finalement expédié, en 1913, à Bruxelles, comme représentant de la province. Selon Rumilly, on le trouvait trop encombrant[78].

Son successeur fut Fernand Rinfret, un homme de parti beaucoup plus modéré. Rédacteur en chef du *Canada* de 1909 à 1926, Rinfret fut aussi député à la Chambre des Communes entre 1920 et 1926. Le 25 septembre 1926, il quittait *le Canada* pour devenir secrétaire d'État. Mordu de sport, il fut même directeur, au cours des années 20, du club de hockey Le Canadien[79]. En 1932, il a été le candidat de l'élite libérale montréalaise au poste de maire de Montréal, contre Camillien Houde, qu'il a battu.

---

[74]  Rumilly, Robert, *Histoire de Montréal*, 3 : 442 ; 4 : 22, 101, 134.

[75]  *Ibid.*, 152.

[76]  Rumilly, Robert, *op. cit.*, 3 : 275.

[77]  *Ibid.*, 334.

[78]  *Ibid.*, 452.

[79]  Ouimet, Raphaël, *op. cit.*, 69.

Entre 1926 et 1930, le poste de rédacteur en chef du *Canada* fut occupé par Jean Bruchési. En fait, dans les années 1920, Bruchési, en tant que rédacteur en chef, signait la plupart des éditoriaux. Car, contrairement à *la Presse*, les éditoriaux du *Canada* sont signés, hormis quelques exceptions. Historien de formation, Bruchési était un libéral aussi modéré que Rinfret. Ainsi, *le Canada*, au départ rédigé par des libéraux radicaux, reflétait, au moment de la Crise de 1929, beaucoup mieux le point de vue de ses propriétaires, en l'occurrence des politiciens et des hommes d'affaires partisans du Parti libéral, défenseurs acharnés du «progrès» et de l'entreprise privée, favorables à la réforme de l'enseignement, mais très élitistes et conservateurs sur le plan social.

Cette situation n'a absolument pas changé lorsqu'Olivar Asselin devint rédacteur en chef en 1930. Beaucoup d'eau avait coulé sous les ponts depuis le moment où Asselin, au début du siècle, pourfendait les partis traditionnels, militait pour l'indépendance du Canada face à l'Angleterre, pour l'autonomie des provinces face au fédéral, et le moment où il accepta l'offre de Taschereau de prendre la tête du *Canada*. Le fougueux Asselin qui, en 1909, avait pourtant giflé Taschereau[80]. Le même Asselin, qui, en 1911, avait fait campagne contre Laurier, aux côtés de Bourassa[81].

Asselin avait donc roulé sa bosse dans bien des directions depuis la création de la Ligue nationaliste en 1904. Après avoir fondé *le Nationaliste*, avec Jules Fournier, il entra au *Devoir* en 1910, qu'il quitta quelques mois plus tard parce qu'il trouvait Henri Bourassa «trop prétentieux»[82]. Ce qui ne l'empêcha pas de participer à la campagne de 1911. Défait dans Saint-Jacques par nul autre que Médéric Martin, il se tourna alors vers la Société Saint-Jean-Baptiste. En 1913, il devenait président de cette société qui, toutefois, le

[80] Vigod, Bernard L., *Quebec before Duplessis. The Political Career of Louis-Alexandre Taschereau*, Kingston et Montréal, McGill-Queen's University Press, 1986, 44-5.

[81] Gagnon, Marcel-Aimé, *La vie orageuse d'Olivar Asselin*, Ottawa, Editions de l'Homme, 1962, 142-5.

[82] *Ibid.*

censura à la suite de la publication d'une «feuille de combat» intitulée *Le sou de la pensée française*. En 1915, il s'enrôla dans le 163e bataillon de l'armée canadienne[83], pour se retrouver, en 1917, au 22e Régiment en France. Libéré par l'armée en 1919, avec le grade un peu ronflant de major, il travailla, à partir de 1920, comme publicitaire de la Maison Versailles, Vidricaire et Boulais. En 1925, il était l'un des directeurs de la banque «L.-G. Beaubien et Cie» et secrétaire de l'Hôpital Notre-Dame-de-la-Merci qui accueillait les «vieillards nécessiteux»[84].

Lorsqu'il accepta l'offre de Taschereau, qui cherchait pour *le Canada* un rédacteur en chef énergique, Asselin avait complètement révisé son point de vue sur les vieux partis qu'il considérait maintenant comme «l'épine dorsale» du régime politique canadien. Par contre, il continuait à soutenir l'autonomie du Canada face aux «impérialistes» britanniques et le développement d'un Canada français fort, mené par une élite économique et politique éclairée.

Asselin, en tant que rédacteur en chef du *Canada* de 1930 à 1934, fit grimper le tirage de quelques milliers d'exemplaires[85]. «Caustique, trop caustique», disait de lui Robert Rumilly. Il avait un style effectivement très incisif. Entre autres, Asselin se déchaîna contre Camillien Houde, à tel point que *le Canada* joua un rôle très important dans la campagne électorale provinciale de 1931 et la campagne municipale de 1932 qui se soldèrent par de cuisantes défaites pour le chef du Parti conservateur provincial et maire de Montréal. Finalement, en 1934, Asselin quitta *le Canada*, en bons termes toutefois, pour fonder un journal plus intellectuel, *l'Ordre*, puis, en 1935, *la Renaissance*. Deux journaux qui, malgré leur titre évocateur d'un certain courant idéologique très à la mode en Europe à ce moment, se réclamaient à cor et à cri du libéralisme politique et économique. La devise de *l'Ordre* était: «Mieux vaut un ordre libéral imparfait que le désordre».

---

83  *Ibid.*, 160.
84  Ouimet, Raphaël, *op. cit.*, 129.
85  Beaulieu, André et Jean Hamelin, *op. cit.*, 65.

De 1934 à 1937, le successeur d'Asselin fut Edmond Turcotte, jeune journaliste formé par Asselin et, tout comme ce dernier, d'origine franco-américaine. Sous la direction d'Asselin, Turcotte rédigea plusieurs éditoriaux, principalement sur des sujets économiques. Bien que la plupart des éditoriaux fussent signés par Turcotte et Asselin, entre 1930 et 1934, d'autres noms apparaissaient quelques fois : Lucien Parizeau, René Guénette, Claude Prévost, Victor Barbeau, etc. Après le départ d'Asselin, René Garneau se joignit à l'équipe d'éditorialistes du *Canada*.

Au cours de ces années, les grands quotidiens de Montréal et de Québec inspiraient la presse régionale[86]. *Le Spectateur* à Hull, *l'Écho des Bois Francs* à Victoriaville, *la Tribune* à Saint-Hyacinthe, *le Courrier de Sorel*, *le Nouveau Trois-Rivières*, *la Tribune*, *le Progrès de l'Est* à Sherbrooke, se firent l'écho du *Canada* et du *Soleil*, l'autre grand journal libéral dans la province.

## LE SOLEIL

Le scénario de la fondation du *Soleil* n'a pas été différent de celui de *la Presse* et du *Canada*. Encore une fois, on se retrouve au cœur des luttes politiques du derniers tiers du XIXe siècle. Lancé le 26 décembre 1896, *le Soleil* remplaça *l'Électeur* comme organe des libéraux à Québec. Autour de *l'Électeur*, on retrouvait les noms d'Ernest Pacaud, protonotaire de Trois-Rivières, François et Charles Langelier, avocats, Joseph Auger, un marchand de bois, Joseph Plamondon, manufacturier et, bien sûr, Wilfrid Laurier. En 1896, donc, *l'Électeur*, à couteaux tirés avec l'épiscopat depuis longtemps, publia des extraits du livre «condamné» de Laurent-Olivier David, *Le clergé canadien, sa vie, son œuvre*. Laurier, soucieux de ne pas soulever d'autres différends avec le clergé, s'arrangea pour faire disparaître *l'Électeur*[87] et mettre sur pied un journal moins frondeur. Cependant, une bonne partie de l'équipe de *l'Électeur* se retrouva au *Soleil*.

---

[86] Beaulieu, André et Jean Hamelin, «Aperçu...», *op. cit.*, 339.
[87] Beaulieu, André et Jean Hamelin, *Les journaux...*, *op. cit.*, 220.

Le premier conseil d'administration du *Soleil* réunissait Laurier lui-même, François Langelier, Henry Joly de Lotbinière, l'ancien premier ministre du Québec lors du «coup d'État» de Letelier de Saint-Just et D.-A. Ross. Pacaud demeura directeur jusqu'en 1903. En 1897, Simon-Napoléon Parent entra au conseil d'administration. À partir de 1905, la direction politique du journal fut assumée par Lomer Gouin et Laurier. De 1913 à 1938, Henri Gagnon se chargea de la gérance du *Soleil* qui fut acheté, en 1917, par Jacob Nicol, lieutenant de Taschereau, et trésorier de la province. En fait, Nicol dirigeait tout un réseau de presse qui englobait, outre *le Soleil* qu'il posséda jusqu'en 1948, *la Tribune* de Sherbrooke, *le Nouvelliste* de Trois-Rivières et *l'Événement* de Québec, à partir de 1935[88]. En 1932, *le Soleil* tirait à 49 076 exemplaires[89]. De 1927 à 1934, *le Soleil* eut comme rédacteur en chef Jean-Charles Harvey. Vraisemblablement, ce fut Harvey qui rédigea la majorité des éditoriaux du *Soleil* entre 1929 et 1934.

Or, Harvey, en 1934, publia un roman, *Les demi-civilisés*, qui lui attira la condamnation du cardinal Villeneuve qui trouvait le roman immoral. À noter qu'il ne fut pas mis à l'index à Montréal[90].

Ce roman constitue avant tout une charge, assez maladroite il faut bien le dire, contre la bourgeoisie de Québec et non un roman anticlérical[91]. Cependant, Harvey, en tant que rédacteur en chef du *Soleil*, faisait partie intégrante de cette bourgeoisie. Pendant toutes les années qu'il passa dans ce journal, il défendit sans défaillir le

---

[88] Beaulieu, André et Jean Hamelin, «Aperçu...», *op. cit.*, 327.

[89] Beaulieu, André et Jean Hamelin, *Les journaux...*, 220.

[90] Pour plus de détails, voir Marcel-Aimé Gagnon, *Jean-Charles Harvey. Précurseur de la Révolution tranquille*, Ottawa, Beauchemin, 1970, 372 p. Victor Teboul, *Le Jour. Emergence du libéralisme moderne au Québec* (Montréal, Hurbubise HMH, 1984), 436 p.

[91] *Les demi-civilisés* est un roman presque autobiographique, où le héros, Max Hubert, mâle au charme irrésistible, doit lutter, entre autres, contre la médiocrité intellectuelle de la petite ville où il habite. Tout cela est entrecoupé d'envolées peu convaincantes sur la Conquête et la chance, ratée par les Canadiens français en 1776, d'entrer dans le grand projet de la démocratie américaine.

point de vue de l'élite libérale québécoise. Avant Harvey, il y eut des journalistes libéraux beaucoup plus radicaux. Son roman déplut particulièrement aux gens qui le côtoyaient, notamment le gérant du *Soleil*, Henri Gagnon. Il est donc probable qu'avec ou sans la mise à l'index par le cardinal Villeneuve à Québec, les jours d'Harvey au *Soleil* étaient comptés.

Cet incident ne doit pas cependant nous faire oublier le fait que de 1929 à 1935, *le Soleil*, avec ou sans Harvey, défendit en éditorial les positions de l'élite libérale qui prit le pouvoir sous Laurier et qui dominait encore la province au moment de la Crise.

En somme, *le Canada*, *le Soleil* et *la Presse* sont apparus dans le cadre des luttes politiques de la fin du XIXᵉ siècle. Mais derrière ces conflits partisans, on retrouvait des représentations politiques de la société exprimées sous forme de tendances idéologiques recouvrant des projets de société liés à des stratégies complexes. *Le Canada*, *le Soleil* et *la Presse* ont été fondus dans le creuset de l'alliance entre les conservateurs modérés de la fin du XIXᵉ siècle et les libéraux, tout aussi modérés, de Laurier. Les carrières de quelques hommes d'affaires et/ou politiciens, propriétaires de ces journaux, reflétaient par ailleurs la cohérence d'une représentation du monde et de normes sans lesquelles ces carrières auraient pu être menées et qui s'apparentent au libéralisme économique conservateur sur le plan social.

Or, du point de vue du tirage, rappelons que la presse libérale au Québec occupait une place importante. Comme le montre le tableau 1, le tirage du *Canada* était comparable à celui du *Devoir*, entre 11 000 et 14 000 exemplaires de 1929 à 1935. Et s'il a été souvent dit que *le Devoir*, malgré un faible tirage, exerçait une grande influence parce qu'il s'adressait à l'élite canadienne-française, il est possible de reprendre le même raisonnement pour *le Canada* qui était lu par les politiciens ou intellectuels libéraux qui ont été au pouvoir pendant la majeure partie de la première moitié du XXᵉ siècle et par les hommes d'affaires canadiens-français qui agissaient dans ces milieux. Par ailleurs, même si *la Presse* a été stigmatisée par Henri Bourassa comme étant la grande «putain de la rue Saint-Jacques», il est difficile de balayer du revers de la main le journal qui avait le tirage le plus important non seulement au Canada français mais aussi dans tout le Canada. En fait, quand on parle de l'économie du Québec pendant le premier tiers du XX$^e$ siècle, on a souvent tendance à oublier que *la Presse*, d'un strict point de vue capitaliste, a été une extraordinaire réussite avec un tirage oscillant entre 150 000 et 160 000 exemplaires la semaine, et près de 200 000 exemplaires le samedi. Quant au *Soleil*, avec un tirage supérieur à 45 000 exemplaires, il était le journal le plus important de la région de Québec. La Crise n'a donc pas semblé affecter les journaux libéraux, du moins au niveau du tirage. De même, la Crise des années 1930 n'a pas du tout bouleversé les conceptions libérales des journalistes, hommes d'affaires et politiciens libéraux du Québec lesquels se sont entêtés à proposer face au problème du chômage et du rôle de l'État des solutions orthodoxes.

## TABLEAU I
## TIRAGE DES QUOTIDIENS AU QUÉBEC
### (Liste non exhaustive)

| | 1929 | 1930 | 1931 | 1932 | 1933 | 1934 | 1935 |
|---|---|---|---|---|---|---|---|
| **MONTRÉAL:** | | | | | | | |
| *Le Canada* | 11 361 | 10 918 | 11 868 | —— | 12 242 | 13 168 | 13 168 |
| *Le Devoir* | 14 145 | 12 826 | 14 567 | —— | 12 031 | 11 951 | 11 966 |
| *La Patrie* | 25 251 | 31 094 | 39 036 | —— | 32 811 | 29 804 | 29 209 |
| **(samedi)** | 51 165 | 53 310 | 58 837 | —— | —— | —— | —— |
| *La Presse* | 154 925 | 163 445 | 159 583 | —— | 157 658 | 158 054 | 161 532 |
| **(samedi)** | 176 665 | 196 187 | 190 000 | —— | 192 810 | 191 862 | 193 626 |
| **QUÉBEC:** | | | | | | | |
| *l'Action catholique* | 18 343 | 17 327 | 17 357 | ——- | —— | 18 307 | 21 764 |
| **(samedi)** | —— | 27 536 | 27 536 | ——- | —— | —— | —— |
| *L'Événement* | 20 009 | 20 719 | 23 240 | ——- | 23 556 | 22 231 | 21 518 |
| *Le Soleil* | 44 061 | 47 817 | 47 817 | ——- | 49 076 | 48 053 | 48 001 |

*Source: Canadian Almanac*
1929: p. 436-437; 1930: p. 436-437; 1931: p. 439-440;
1933: p. 443-444; 1934: p. 479-480; 1935: p. 483-484.

# CHAPITRE III

# LA RÉACTION AU KRACH BOURSIER DE 1929

## LE KRACH BOURSIER

Au cours des premiers jours qui ont suivi le fameux Jeudi noir du 24 octobre 1929, *le Canada*, *le Soleil* et *la Presse* ont décrit cet événement comme une « dure leçon » pour les spéculateurs. Dès le 25 octobre, lendemain de la première dégringolade, *la Presse* écrivait :

> « Peut-on espérer que cette dure leçon servira au moins à détourner plusieurs de la manie de la spéculation, surtout les personnes qui ont des obligations familiales et qui ne peuvent pas se payer le luxe de prendre de pareils risques. (...) les banquiers américains et canadiens réunis en congrès à Québec ces jours-ci, ont mis précisément les gens de ressources modestes en garde contre les dangers de la spéculation »[92].

*Le Soleil* et *le Canada* exprimèrent le même point de vue[93]. Pour les éditorialistes de ces journaux, l'effondrement de la Bourse de New York était le résultat de la dégradation des valeurs fondamentales du système de la libre entreprise fondé sur le travail honnête et l'épargne[94].

> « La spéculation, écrit l'éditorialiste du *Soleil*, comme le jeu, tue l'amour du travail, annihile tout effort qui ne converge pas à la satisfaction de la passion. (...) Hélas ! trop souvent, la passion du jeu

---

[92] « Une dure leçon », *la Presse*, 25 octobre 1929.
[93] « Les joueurs qui perdent », *le Soleil*, 25 octobre 1929. « Placement versus spéculation », *le Canada*, 30 octobre 1929.
[94] « La débâcle à la Bourse », *le Soleil*, 4 novembre 1929.

a anéanti à tout jamais la faculté de pouvoir s'adonner à un travail honnête (...) La spéculation, comme le jeu, est, quoi qu'on en dise, foncièrement immorale»[95].

Crise morale, crise superficielle. En aucun temps, les dures secousses qui ont ébranlé la Bourse de New York, du 24 au 30 octobre, et même en novembre 1929, n'ont pu, aux yeux des éditorialistes de la presse libérale, perturber l'ensemble de l'économie, puisque les États-Unis et le Canada jouissaient «d'une prospérité suffisante pour contrebalancer l'effet déplorable de la dégringolade»[96].

La thèse d'un incident de parcours sans conséquence fut soutenue jusqu'à l'automne de 1930. À la fin de 1929 et au début de 1930, on s'appuyait sur «les indices les plus significatifs»[97] pour conclure que la situation économique était «saine et prospère» et que rien ne justifiait «l'appréhension d'une période de dépression»[98]. Quant à *la Presse*, citant des rapports de «présidents et gérants généraux de nos banques canadiennes et de plusieurs industrielles et commerciales», elle admet un «certain fléchissement» dans les affaires, lequel n'aurait cependant «aucune influence profonde sur l'avenir économique de notre Dominion»[99].

Mêmes références et même rhétorique dans *le Soleil* qui considérait les États-Unis et le Canada comme «les deux pays les plus prospères de l'univers»[100]. Le Canada, en particulier, serait à l'abri, puisque dans ce pays, le travail est la valeur fondamentale. Or, selon un éditorialiste du *Soleil*, toute société bien organisée ne peut «progresser» sans le «travail et la production»[101]. Voilà pourquoi, le soir du 31 décembre 1929, le même journal en arrivait à la conclusion que

---

[95]  «Fan-tan, roulette et Bourse», *le Soleil*, 8 novembre 1929. «Les coupables», *le Soleil*, 16 novenbre 1929.

[96]  «Les coupages», *le Soleil*, 16 novembre 1929.

[97]  «La situation économique», *le Soleil*, 26 novembre 1929.

[98]  «La prospérité règne dans notre pays», *le Canada*, 28 novembre 1929.

[99]  «Pas de pessimisme», *la Presse*, 21 janvier 1930.

[100]  «Il n'y a pas à s'inquiéter», *le Soleil*, 30 novembre 1929.

[101]  «Quatre milliards au jeu», *le Soleil*, 30 novembre 1929.

le Canada avait su, en 1929, échapper «aux profondes crises économiques, aux malheurs sociaux qui bouleversent parfois des pays entiers». Malgré la dégringolade de la Bourse new-yorkaise, cette «ombre au tableau», et la chute de «certaines fortunes individuelles», les nations allaient continuer leur marche en avant[102].

Tout au long de l'année 1930, les sources les plus autorisées furent citées pour montrer qu'il n'y avait pas de crise majeure. Pour venir à la rescousse de banquiers et de personnalités du monde économique francophone qui prêchaient la confiance, on brandissait en guise d'arguments supplémentaires les déclarations de grands financiers et d'industriels anglophones bien en vue. Par exemple: Frédéric H. Guber, président de la Compagnie d'assurances Métropolitaine[103]; sir Herbert, président de la Banque Royale[104]; E. W. Beatty, président du «Pacifique Canadien»[105]. Enfin, le «Board of Trade»[106], M. G. Ornsby-Gore[107], un diplomate britannique, Frédérick Taylor[108], directeur européen de la Banque de Montréal, le grand Herbert Holt[109] de la Banque de Montréal, Charles Gordon[110] de la Banque Royale, Thomas White[111] de la Banque canadienne de commerce et bien d'autres[112] servirent tour à tour le même message de confiance.

Toutefois, à partir de l'automne de 1930, les trois journaux ont fini par reconnaître que le krach boursier créait des difficultés imprévues. Nul doute, cependant, que la prospérité reviendrait rapidement. La crise étant avant tout une crise de confiance, tôt ou tard «l'esprit

[102] «La nouvelle année», *le Soleil*, 31 décembre 1929.
[103] «Vers la normalité», *le Soleil*, 30 avril 1930.
[104] «La Banque Royale», *le Canada*, 14 janvier 1930.
[105] «Les opinions significatives», *le Canada*, 9 mai 1930.
[106] «L'opinion du Board of Trade», *le Canada*, 3 février 1930.
[107] «Ce que l'on dit de nous», *le Canada*, 4 avril 1930.
[108] «Des conseils qui nous sont utiles», *le Canada*, 26 septembre 1990.
[109] «Avons-nous touché le fond», *le Canada*, 4 octobre 1930.
[110] *Ibid.*
[111] «Pas de pessimisme», *la Presse*, 21 janvier 1930.
[112] «Message de confiance», *le Canada*, 4 juin 1930. «Le rapport de la Sun Life», *le Canada*, 12 février 1930.

d'entreprise» allait reprendre le dessus. Car seule l'entreprise privée, et non l'État, saurait trouver des solutions aux légères difficultés de l'heure.

    «Le merveilleux développement des États-Unis, a-t-on écrit dans *le Soleil*, est dû bien plus à l'esprit d'entreprise de ses citoyens qu'aux mesures gouvernementales. Ce n'est pas la protection ou d'autres moyens plus ou moins contestables qui ont fait la fortune du pays: ce sont ses industriels, ses commerçants, ses hommes d'affaires qui ont su tirer parti des ressources naturelles de leur territoire incomparable. Pourquoi n'en serait-il pas ainsi pour les Canadiens?»[113].

Un an donc après le début de la Crise, les éditorialistes de *la Presse*, du *Soleil* et du *Canada* durent admettre que le problème était plus sérieux qu'on l'avait imaginé. Mais leur foi dans l'entreprise privée est restée profonde. Même au cours des années 1931 à 1933, qui furent extrêmement difficiles, le système de l'entreprise privée ne fut jamais remis en cause. Durant ces années, on a toujours pensé que la reprise était pour demain. Le 2 mai 1931, *le Soleil* ose poser la question: «La crise est-elle finie[114]?» Roger Babson, économiste américain, et M. Grégoire, professeur d'économie politique à l'Université Laval, sont alors invoqués pour montrer que la reprise est immimente. En fait, selon Babson, le monde payait pour les richesses acquises par la spéculation, non par le travail et le profit honnête. Cette dette morale payée, la reprise était certaine.

    «Quand les hommes vivent normalement et utilement, les conditons économiques sont normales et il n'y a ni "boom" ni dépression. Quand, au contraire, ils commencent à oublier leurs responsabilités et rechercher des profits disproportionnés aux services rendus et aux commodités données en retour, la situation s'aggrave»[115].

Au début de 1931, *la Presse* était tout aussi optimiste[116]. Le 28 février, ce journal, à partir d'une étude réalisée par le Bureau fédéral de la statistique auprès de 7,431 firmes industrielles du Québec et de l'Ontario, voit une amélioration sensible de la situation

---

[113] «L'initiative privée avant tout», *le Soleil*, 4 septembre 1930.
[114] «La crise est-elle finie?», *le Soleil*, 2 mai 1931.
[115] *Ibid*.
[116] «Sujet d'optimisme», la Presse, 17 février 1931.

de plusieurs catégories d'entreprises manufacturières[117]. Dix jours plus tôt, *la Presse* se réjouissait de la publication d'une étude du «National Conference Board» des États-Unis qui vantait le dynamisme de la société canadienne. Selon cette source, la production de l'industrie manufacturière canadienne se serait accrue de 684% depuis la fin du XIX$^e$ siècle. Évaluée per capita, cette croissance représentait une somme de $890.00 comparativement à $564.00 pour les États-Unis. Par rapport à l'année 1900, les importations et les exportations du Canada étaient plus élevées respectivement de 525 et 623%. Le pouvoir hydraulique canadien, évalué au prorata de la population, était cinq fois supérieur à celui des États-Unis. Toujours en tenant compte des chiffres des populations respectives, la production agricole canadienne était cinq fois supérieure à celle des voisins du sud. Enfin, la production d'or s'était élevée de $4.07 par tête au Canada au cours de cette période (1900-1931), alors que celle des États-Unis n'était que de $0.38. De ces statistiques, *la Presse* conclut qu'un pays qui a connu une croissance aussi spectaculaire en seulement trente ans peut facilement résister à la crise.

Malheureusement, la reprise annoncée n'était toujours pas décelable à la fin de l'été 1931. Cela n'a pas empêché *la Presse* de voir des signes de reprise et de fustiger les prophètes de malheur «à la solde de Moscou»[118]. Mais à l'automne de cette même année, l'ampleur du problème n'était plus niée. Cependant, la vision optimiste du capitalisme n'était pas altérée pour autant. Avec une certaine franchise, *le Soleil* vit dans le phénomène des crises cycliques un «stabilisateur». Même si plusieurs industries «tombaient», d'autres bénéficiaient des conditons du début des années 30. Pour *le Soleil*, les crises étaient «nécessaires» tout comme les «hivers qui arrrêtent la végétation, permettant à un sol de fécondité limitée de se reposer»[119]. Pour sa part, Olivar Asselin pourfendait dans *le Canada* ceux qui attaquaient «les maudits capitalisses» comme responsables de la crise[120].

---

[117] «Amélioration sensible», *la Presse*, 28 février 1931.
[118] «Chiffres encourageants», *la Presse*, 28 août 1931.
[119] «La crise actuelle est-elle plus forte que l'on ait vue ?», *le Soleil*, 25 juillet 1931.
[120] «Les maudits capitalisses», *le Canada*, 12 novembre 1931.

Quelques mois plus tard, en juillet de 1932, on estimait pourtant que le nombre de chômeurs était de 10 millions aux États-Unis et de 2 millions au Canada[121]. Pour *la Presse*, à l'instar d'Asselin, l'une des causes de la crise, enfin reconnue, était «la mauvaise thésaurisation» et le protectionnisme[122]. Quant au *Soleil*, il annonça pompeusement à l'automne de 1932 «que les difficultés des trois dernières années disparaissaient» et que l'on était à la veille d'une «plus grande campagne d'achat» qui aurait sa répercussion dans tous les domaines «de l' activité humaine»[123]. Les canards boiteux étant écartés et les spéculateurs bien punis, la confiance «renaissait»[124]. Cette litanie fut redite pendant tout l'automne de 1932[125].

Même réaction en 1933, qui fut pourtant l'année la plus difficile. Beaudry Leman, directeur de la Banque Canadienne Nationale, n'avait-il pas prédit, devant le «Canadian Club», en décembre 1932, que la reprise était imminente[126]. Mais les «dispensateurs de la richesse» ne délièrent pas les cordons de leur bourse comme le souhaitait *le Financial Post*, cité par *la Presse*[127]. Malgré les faits, malgré les faillites, malgré les dizaines de milliers de chômeurs, les trois quotidiens ont continué à fabuler pendant toute l'année 1933, à tel point qu'en mai de cette année, *la Presse* titrait en page éditoriale: «La crise vaincue»[128].

[121] «Les problèmes de l'heure», *le Soleil*, 9 juillet 1932.
[122] «La thésaurisation», *la Presse*, 9 août 1932.
[123] «A quand la reprise des affaires», *le Soleil*, 30 septembre 1932.
[124] «La confiance renaît», *la Presse*, 9 septembre 1932.
[125] «Souffle d'optimisme», *la Presse*, 15 septembre 1932.
«Un rayon d'espoir», *le Soleil*, 14 novembre 1932.
«La crise et ses remèdes», *la Presse*, 15 novembre 1932.
«La nouvelle espérance», *la Presse*, 13 décembre 1932.
[126] «L'an nouveau», *la Presse*, 31 décembre 1932.
[127] «Remède à la crise», *la Presse*, 17 janvier 1933.
[128] «Nouveaux indices», la Rresse, 17 janvier 1933.
«La crise vaincue», *la Presse*, 18 mai 1933.
«Indices de bonne augure», *la Presse*, 1er mai 1933.
«Indices de normalisation», *la Presse*, 19 juillet 1933.
«La reprise de l'activité», *la Presse*, 19 juillet 1933.

Aussi, lorsqu'à partir de 1934, la situation s'améliora légèrement, les éditorialistes eurent beau jeu de se vanter de l'avoir prédit. «Il est certain, écrit *la Presse*, que la crise ou ce que l'on appelait la crise est chose du passé»[129]. Edmond Turcotte, dans *le Canada*, en arriva au même diagnostic[130]. En fait, selon *le Soleil*, les conditions essentielles à la reprise des affaires étaient enfin remplies. Ces conditions étaient:

«1) la stabilisation des dettes,

2) l'équilibre des budgets administratifs,

3) la réduction des entraves aux échanges internationaux,

4) la reconnaissance du principe que les balances du commerce extérieur ne se règlent pas de pays à pays, mais dans un équilibre d'ensemble;

5) la fin de l'ingérence étatique dans les entreprises commerciales qui n'exploitent point un monopole»[131].

Enfin, à l'automne de 1935, Lucien Romier, journaliste au *Figaro*, est cité dans *la Presse* parce qu'il a vu dans «l'excellente tenue du marché des valeurs à New York, un signe de reprise»[132]. Pour *la Presse*, *le Soleil* et *le Canada*, le libéralisme économique triomphait une fois de plus. Dans *le Canada*, Edmond Turcotte identifiait les causes de la crise dans la perversion du libéralisme contaminé par «l'étatisme, le protectionnisme et le socialisme»[133].

De 1929 à l'automne de 1930, *la Presse*, *le Soleil* et *le Canada* ont donc carrément nié qu'il y avait une crise. Tout au plus, il fut admis que les affaires ralentissaient et que ce relâchement était dû à la crise morale de la spéculation qui avait provoqué l'effondrement de la Bourse de New York, cet événement étant le résultat de la perversion des valeurs du système de l'entreprise privée que sont le travail honnête et l'épargne.

---

[129] «On revient à l'optimisme», *la Presse*, 3 avril 1936.
[130] «Où en sommes-nous», *le Canada*, 6 novembre 1934.
[131] «Pour la reprise des affaires», *le Soleil*, 19 juillet 1935.
[132] «La reprise américaine», *la Presse*, 18 septembre 1935.
[133] «Libéralisme pas mort», *le Canada*, 21 février 1935.

Entre 1931 et 1933, il devenait cependant impossible de nier, devant la dégradation de la production, de la consommation et la hausse du chômage, que la crise était bien réelle. Mais on acceptait mal que le Canada, décrit comme un pays de prospérité depuis la fin du XIX<sup>e</sup> siècle, puisse être touché par une crise économique. D'autant plus que cette prospérité était associée au libéralisme économique et politique des politiciens canadiens-français, de Laurier à Lapointe et Taschereau. Même au cours des années les plus noires, la foi dans le capitalisme n'a jamais été ébranlée.

Mais une fois admise, la crise était perçue comme éphémère et comme une purge nécessaire du système. La reprise était toujours annoncée pour le lendemain. Au niveau des solutions, on ne jurait que par le dynamisme de l'entreprise privée, la confiance dans le système, le libre-échange et l'équilibre budgétaire. La spéculation immorale, l'étatisme et le protectionnisme furent identifiés comme les causes de la crise. L'État devait jouer un rôle, tout au plus, de soutien ponctuel. Lorsqu'il y eut un embryon de reprise en 1934-1935, le triomphe du libéralisme fut proclamé en grande trompe.

Pour comprendre cette réaction, il faut souligner que ces éditorialistes percevaient l'économie du Québec dans une perspective continentale et internationale. Le système de l'entreprise privée est peint comme une facette essentielle de la société canadienne-française et non comme une réalité appartenant «aux autres».

La crise de 1929 a longtemps été présentée comme l'hécatombe des entreprises canadiennes-françaises. Mais on a peut-être oublié que plusieurs d'entre elles ont très bien résisté. En fait, la plupart des institutions bancaires et financières importantes n'ont pas été balayées. Dans l'industrie, l'exemple des Simard à Sorel et celui des Brillant à Rimouski montrent que certains hommes d'affaires canadiens-français s'en sont très bien tirés dans les années 1930[134]. Par conséquent, la description du krach boursier de 1929 et de ses conséquences qu'on a pu lire dans les éditoriaux des journaux libéraux reflétait manifestement les valeurs axées sur la propriété privée

---

[134] Newman, Peter C., *L'establishment canadien*, Montréal, Editions de l'Homme, 1981, 540 p.

d'hommes d'affaires, de journalistes et de politiciens qui n'étaient pas marginaux dans la société canadienne-française.

## LE CHÔMAGE ET LA CHARITÉ PUBLIQUE

En mai 1933, 1.5 million de Canadiens vivaient des services publics et 2 millions en 1934[135]. Au Québec, il semble que le taux de chômage ait été proportionnellement plus élevé. Selon Terry Copp, l'hiver de 1933-34 fut particulièrement pénible à Montréal puisque 250,000 personnes, soit 28% de la population, reçurent d'une façon ou d'une autre des secours publics[136].

Or, avant 1929, il n'y avait aucun véritable programme d'aide aux chômeurs considérés comme *aptes au travail*. L'ampleur de la Crise a forcé les pouvoirs publics à intervenir. Avant de décrire la position de la presse libérale sur ce sujet, rappelons, brièvement, de quelle façon l'aide était dispensée et quelles furent les modifications apportées.

Au Québec, en 1921, le gouvernement d'Alexandre Taschereau fit adopter une loi qui modifiait les dispositions de l'organisation du secours à domicile et de la santé publique, de l'établissement de maisons de refuge et des relations entre les villes, les hôpitaux et les organismes de charité. Chaque année, l'État provincial accordait des subventions aux organismes privés qui fonctionnaient à l'intérieur des circonscriptions municipales[137]. Avec la loi d'Assistance publique de 1921, le régime des subventions était remplacé par un système de financement statutaire. Comme la charité relevait, selon la Constitution canadienne, des provinces et des municipalités, les dépenses étaient réparties de la façon suivante: 1/3 à l'État provin-

---

[135] Horn, Michiel, *La grande dépression des années 1930 au Canada*, Ottawa, Société Historique du Canada, 1984, p. 11.

[136] Coop, Terry, «Montreal Municipal Government and the Crisis of the 1930s», dans: A.F. Artibise et Gilbert A. Stelter, *The Usable Urban Past*, Toronto, MacMillan, 1979, 116.

[137] Mongeau, Serge, *Évolution de l'assistance publique au Québec*, Montréal, Éditions du Jour, 47-48.

cial, 1/3 aux municipalités, 1/3 aux organismes de charité privée. Pour être assistés, les indigents devaient être considérés *inaptes au travail* et habiter en résidence 12 mois. Dans certains cas, on accordait, dans un refuge, le gîte pour une nuit et un repas par jour à tout individu mâle qui n'avait aucune ressource.

En 1921, dans la province, il y avait 165 institutions (hôpitaux, refuges, hospices) et 45,000 patients ou assistés sociaux[138]. À Montréal, la Société St-Vincent-de-Paul, la Montreal Council of Social Agencies, pour les protestants, la Croix-Rouge et le Refuge catholique incorporé pour hommes, communément appelé le Refuge Meurling, offraient des services[139]. La plus importante de ces agences, la Société Saint-Vincent-de-Paul, était présente dans tout le Québec avec 181 conférences locales, 5,190 membres actifs et un budget annuel d'environ $300,000.00[140].

Au début de la Crise, en vertu de la Loi d'assistance publique de 1921, les chômeurs *aptes au travail* n'avaient droit à aucune aide à moins de se présenter dans certaines maisons de refuge. Le 12 septembre 1930, le premier ministre Bennett, nouvellement élu, annonça qu'une somme de 20 millions de dollars allait être distribuée aux provinces en travaux publics et secours directs. Ce projet fut accepté par le Parlement fédéral le 22 septembre 1930.

Dans l'entente, on prévoyait dépenser 4 millions en secours directs et 16 millions en travaux publics[141]. Pour l'ensemble des dépenses prévues en secours directs, le gouvernement fédéral demandait aux provinces une participation équivalente à la sienne, c'est-à-dire le tiers des dépenses, l'autre tiers étant une responsabilité municipale. Pour les travaux publics, la répartition prévue était de 25% pour le gouvernement fédéral, 25% pour le gouvernement provincial et 50% pour les municipalités. Le 22 octobre 1930, G. D. Robertson, ministre fédéral du Travail, rencontra J.-N. Francoeur,

---

[138] *Ibid*.

[139] Lévesque, Andrée, *Virage à gauche interdit*, Montréal, Boréal Express, 1984, 33.

[140] Pelletier, Michel et Vaillancourt, Yves, *Les politiques sociales et les travailleurs*, 2 tomes, Montréal, 1975, 2, 187.

[141] *Ibid*.

ministre des Travaux publics et du Travail au Québec, pour discuter des modalités d'application de la loi dans la province. Cette rencontre conduisit à la proclamation de la Loi provinciale d'aide aux chômeurs qui constituait une sanction de l'entente fédérale-provinciale. Le 29 octobre 1930, une commission de 8 membres fut chargée de superviser les travaux publics dans la province[142].

Le même scénario se répéta jusqu'aux années 1940. Annuellement, le gouvernement fédéral prenait l'initiative de déterminer les normes des programmes d'aide aux chômeurs pour l'année en cours. Il passait des «accords» conjoints avec les provinces qui, elles, s'entendaient avec les municipalités qui étaient libres d'accepter ou de refuser les fonds.

Après 1931, quelques changements furent apportés à l'intérieur de ce même scénario général. Premièrement, le gouvernement fédéral ne fixa plus de «montant plafond» au sujet des dépenses qu'il voulait engager dans les programmes de secours. La loi fédérale comporta également des mesures de prêts aux agriculteurs et un soutien artificiel aux prix agricoles. Enfin, l'entente du 17 octobre 1931 spécifiait que les secours directs devaient être distribués sous formes de bons d'alimentation, d'habillement, de combustible et de loyer[143]. On en vint cependant à accepter des versements en espèces arrêtés par les autorités municipales et approuvés par la province. De façon générale, les travaux publics furent plus importants au Québec entre 1930 et 1932, alors qu'entre 1933 et 1937, on privilégia davantage les secours directs[144].

La suite est bien connue. En 1935, Bennett, inspiré par le «New Deal» de Roosevelt, proposa un «New Deal» canadien qui comportait, entre autres, un programme d'assurance-chômage. Quelques années plus tard, le programme fut jugé inconstitutionnel. Mais King, réélu en 1935, fut finalement convaincu à la fin des années 1930, après bien des réticences, de la nécessité d'un tel programme[145]. En somme, la Crise de 29 avait rendu inopérantes les

---

[142] *Ibid.*

[143] *Ibid.*, p. 197.

[144] *Ibid.*

[145] Granatstein, Jack, *The Ottawa Men*, Toronto, Oxford University Press, 333 p.

anciennes structures et institutions d'aide sociale[146]. Comment la presse libérale a-t-elle réagi entre 1929 et 1935 à ce phénomène d'obsolescence de l'assistance sociale et à l'ampleur de la crise du chômage ? Très mal, évidemment. C'est-à-dire que l'on défendit mordicus le principe de l'assistance sociale et celui de la responsabilité individuelle du pauvre.

En avril 1930, *Le Canada* explique à sa façon la montée du nombre de chômeurs :

> « Les principaux facteurs du chômage ou de l'insuffisance d'emploi sont : fluctuation saisonnière devenue chronique dans certaines industries ; remplacement de la main-d'œuvre par l'emploi des instruments de travail plus perfectionnés et de ce fait, augmentation de la production, dépression commerciale »[147].

L'effet, cependant, d'une telle dépression, pour ces éditorialistes, n'était, on l'a vu, que temporaire et ne pouvait constituer une crise majeure. Pour cette raison, *Le Canada* crut qu'une intervention du gouvernement fédéral n'était pas souhaitable, d'autant plus que

---

[146] Plusieurs facteurs contribuèrent au revirement de King à la fin des années 1930. D'abord, il y eut l'influence du second « New Deal » de Roosevelt, celui de 1935, qui se fit sentir. D'autre part, la fin des années 1930 fut marquée par l'arrivée à Ottawa de jeunes fonctionnaires dont l'un d'eux, Robert Bryce, domina le ministère des Finances et la haute fonction publique pendant vingt-cinq ans. Or, Bryce avait fait ses études de doctorat en économie avec Keynes à Cambridge et fut considéré par le maître comme l'un de ses plus brillants sujets. Au même moment, plusieurs réformistes sociaux britanniques et canadiens, dont Beveridge et Leonard Marsh, se mirent à voir dans la théorie de Keynes, publiée en 1936, une extraordinaire justification, du point de vue de la théorie économique, de leurs projets d'établissement de différents programmes d'assurances sociales pouvant remplacer la conception désuète, issue des Poor Laws anglaises, de l'assistance sociale. Ainsi, la rencontre, au cours de la Deuxième Guerre mondiale, de ces deux groupes symbolisant la jonction des théories keynésiennes et du réformisme fut à l'origine de la création de certains programmes, notamment l'assurance-chômage. Voir : Jack Granastein, *op. cit.* et Peter C. Newman, *L'establishment canadien*, Montréal, L'Homme, 1979, p. 393-5.

[147] « La véritable interprétation », *Le Canada*, avril 1930.

«l'assistance aux chômeurs (...) tombe sous juridiction des municipalités et des provinces»[148]. Quelques mois plus tard, *Le Canada*, alors dirigé par Jean Bruchési, commentait la publication par Henry Ford et Samuel Crowther d'un livre intitulé *Moving Forward*. Selon Ford, les ouvriers pourraient recevoir des salaires jusqu'à $5.00 de l'heure en 1950. La semaine se composerait de 5 jours de travail de 5 heures chacun.

> «Mais ce ne sera pas l'apogée des salaires élevés, écrit *Le Canada*, simplement un pas en avant jusqu'à ce que le rétablissement de l'équilibre entre la production et la consommation rende l'homme maître de sa destinée sociale et politique»[149].

Dans cet article, *le Canada*, à l'instar de Ford, s'opposait à la réductôn des salaires comme solution au chômage. Il faudrait plutôt «augmenter les salaires graduellement, mais continuellement, sans jamais les diminuer»[150]. Car «il est vrai (...) que si les travailleurs gagnaient davantage, ils augmenteraient leurs achats et, par conséquent, stimuleraient d'abord l'écoulement du stock, puis de la production»[151]. Mais ce point de vue ne fut pas repris par Olivar Asselin. Au contraire, Asselin voyait dans les salaires trop élevés accordés aux ouvriers dans les années 1920 l'une des causes de la Crise.

Par ailleurs, à court terme, la réponse au sous-emploi, pour *Le Canada*, *Le Soleil* et *La Presse*, était dans les travaux publics organisés par le gouvernement provincial et les municipalités. Les subventions du fédéral sont tolérées, compte tenu de la situation, à condition qu'elles soient administrées par les deux autres paliers de gouvernement, le provincial et le municipal. *La Presse* accueillit favorablement d'ailleurs, en octobre 1930, les subsides de 20 millions du fédéral accordés aux provinces[152].

À Montréal, la construction d'un tunnel, sous le canal de Lachine, rue Wellington, l'extension de la rue Windsor et sa jonction

---

[148] *Ibid*.
[149] «Henry Ford et la suppression du chômage», Le Canada, octobre 1930.
[150] *Ibid*.
[151] *Ibid*.
[152] «Les vingt millions», *La Presse*, 3 octobre 1930.

à la rue Colborne, la construction d'une nouvelle gare centrale du Canadien national, furent autant de projets que *La Presse* commenta avec enthousiasme puisqu'ils donnèrent du travail aux chômeurs[153].

De même, *La Presse* accueillit favorablement l'annonce, en décembre 1930, de l'entente fédérale-provinciale prévoyant une répartition des dépenses pour l'exécution de travaux publics d'un quart pour le fédéral, un quart pour le provincial et la moitié pour les municipalités[154]. Pour *La Presse*, le chômage se résorbera si toutes les classes de la société se «donnent la main» pour créer de l'emploi dans leurs «milieux respectifs». L'aide des pouvoirs «viendra par surcroît»[155]. D'où l'accueil favorable aux mesures de 1930 et les plans de travaux publics de 1931[156].

Mais attention! Il ne fallait surtout pas encourager la «fainéantise»[157]. Or, à partir de 1932, les pouvoirs publics commencèrent à privilégier davantage le secours direct qui coûtait moins cher que les travaux publics. À Montréal, la situation était telle, qu'en 1933, la Société Saint-Vincent-de-Paul annonça qu'elle abandonnait l'aide aux chômeurs pour se consacrer uniquement à l'aide aux malades, aux vieillards, aux infirmes, aux orphelins.

La Commission civile de chômage, présidée par M. Tétreault, remplaça alors la Société St-Vincent-de-Paul pour la distribution des bons d'achat aux chômeurs[158]. Comme ce système n'était pas très efficace, on distribua à partir de 1933 des chèques au lieu des bons. Entre 1932 et 1935, la presse libérale veilla à ce que le secours direct, sous la forme de bons ou de chèques, ne soit pas accordé aux «mauvais chômeurs».

---

[153] «Le besoin d'un plan», *La Presse*, 4 octobre 1930.

[154] «L'aide au chômage», *La Presse*, 6 décembre 1930.

[155] *Ibid.*

[156] «Contre le chômage», *La Presse*, 8 septembre 1931. «L'aide aux chômeurs», *La Presse*, 10 septembre 1931. «Un remède au chômage», *Le Canada*, 6 novembre 1931.

[157] «Sus aux fainéants», *La Presse*, 11 septembre 1931.

[158] M. Tétreault fut remplacé en 1934 par le général Panet.

La lutte contre la paresse était d'ailleurs la principale raison pour laquelle on approuvait cette approche qui avait cours aussi aux États-Unis[159]. En accord avec un éditorial du *New York Times* sur le sujet, *La Presse* affichait son opposition au système d'assurance contre le chômage comme celui qui fonctionnait en Grande-Bretagne et en Allemagne[160]. D'autant plus qu'il fallait prévoir, selon *La Presse*,

> «des ennuis qui résultent de l'application de ce système en Europe où, comme on sait, le trésor public doit verser des sommes considérables pour suppléer au défaut d'un très grand nombre d'ouvriers de payer leur contribution au fonds de chômage...»[161].

Pour Olivar Asselin comme pour *Le Soleil*, on devait avant tout encourager le travail et éviter que l'on en vienne à une «Grande charte du parasitisme»[162]. La seule forme de secours direct acceptée par Asselin devait être organisée sur la base de «bons d'épiceries ou de marchandises» par l'entremise de grands organismes de charité privée. Pour Asselin, cette allocation devait aussi tenir compte de ce que l'adulte et «*l'adolescent* valide» pouvaient gagner, dans les pires conditions économiques, s'ils «cherchent sincèrement du travail»[163].

Toujours à propos du secours direct et de l'assurance-chômage, *La Presse* revint à la charge à la fin de 1932 en citant une étude du «National Industrial Conference Board» aux États-Unis. Selon cette étude, l'assurance-chômage était un moyen impraticable de secourir les sans-travail parce qu'il était «contraire aux lois économiques». En définitive, c'était l'État qui devait supporter les frais d'application de ce système, ce qui était inacceptable pour *La Presse*. Pire encore, l'assurance-chômage, selon *La Presse*, en garantissant le travailleur contre tous les risques, l'habituait à croire qu'il «n'était plus responsable de son sort». On «ramollissait» ainsi son caractère

---

[159] « Le chômage aux États-Unis », *La Presse*, 12 août 1931.
[160] *Ibid.*
[161] *Ibid.*
[162] « Le secours de chômage », *Le Canada*, 15 septembre 1932.
[163] *Ibid.*

et on «minait» son «sens de la responsabilité»[164]. Rien d'étonnant alors au fait que *La Presse* s'opposa, en 1932, à certaines assertions de la Commission Montpetit qui considérait inévitable la création éventuelle au Canada d'un système d'assurance-chômage réalisé avec la participation de l'État, des patrons et des ouvriers[165].

L'acuité de la crise en 1933 ne changea pas les positions de la presse libérale, même si les pouvoirs publics s'orientaient davantage vers les secours directs. On continua à réclamer la distribution de «vivres, de vêtements et de combustibles aux nécessiteux»[166], tout en espérant «occuper le plus grand nombre possible de chômeurs» par des travaux publics[167]. Même discours en 1934, année au cours de laquelle le gouvernement français fut pris en exemple pour avoir consacré une «somme de $9,000,000.00 pour employer ses chômeurs à la restauration des monuments religieux»[168]. Pour sa part, *Le Soleil*, en 1935, se réjouit de la décision du Premier ministre ontarien de couper les allocations de chômage aux chômeurs célibataires. Dans cette décision de Mitchell Hepburn, conclut *Le Soleil*, on pouvait voir une première réaction contre les «abus» auxquels les secours aux chômeurs avaient donné lieu. Il fallait chasser les «fainéants» des rangs des «honnêtes chômeurs»[169]. À Montréal, le général Panet, président de la Commission civile de chômage, lança une véritable chasse aux sorcières contre les chômeurs célibataires ou divorcés[170].

Toutefois, devant le déficit énorme des municipalités, Alexandre Taschereau dut proposer de dégager complètement les municipalités du fardeau du chômage, pour le faire porter à moitié par l'État fédéral et à moitié par l'État provincial[171]. Déjà Edmond Turcotte,

---

[164]  «L'assurance-chômage», *La Presse*, 28 décembre 1932.

[165]  «La Commission des assurances sociales», *La Presse*, 26 décembre 1932.

[166]  «Travail ou secours direct», *La Presse*, 16 mars 1933.

[167]  «Travaux publics», *La Presse*, 3 mai 1933.

[168]  «D'une pierre, deux coups», *La Presse*, 2 juillet 1934.

[169]  «Réaction contre la fainéantise», *Le Soleil*, 5 août 1935.

[170]  Copp, Terry, *op. cit.*, 120.

[171]  «Débrouillez-vous», *Le Soleil*, 30 janvier 1935.

dans *Le Canada*, avait signalé l'urgence d'une telle réforme. Et il avait pris, même sous Asselin, des positions moins défavorables au secours direct[172].

Par ailleurs, au congrès des maires canadiens en mars 1935, on en vint à la conclusion que les municipalités n'avaient pas les ressources pour faire face à des situations où au moins 16.7% de la population vivait de secours[173]. Camillien Houde, ex-chef de l'opposition conservatrice et redevenu maire de Montréal en 1934, défendit la proposition de Taschereau. À l'été de 1935, le principe d'une aide pécuniaire directe fut enfin timidement reconnu par la presse libérale, sans toutefois que soit abandonné le rôle des sociétés de charité privée.

C'est ainsi que les principes très orthodoxes en matière d'aide sociale, que les «néo-libéraux» des années 1980 n'auraient pas désavoués, continuaient à prédominer à la veille des élections fédérales et provinciales de l'automne 1935. Aussi, lorsque Bennett présenta, au cours de l'hiver 1935, son programme d'aide directe aux chômeurs, dans le cadre de son «New Deal», sur lequel nous reviendrons plus loin, la presse libérale francophone critiqua ce programme sous prétexte qu'il serait ruineux et constituait une ingérence inacceptable de l'État fédéral dans un domaine de juridiction provinciale. Derrière cette opposition constitutionnelle se cachait une opposition idéologique. Dans les milieux libéraux francophones, on continuait, en fait, à défendre le principe de *l'assistance sociale*, selon lequel la charité privée était la meilleure forme d'aide sociale. À la rigueur, compte tenu de la conjoncture, on était prêt à admettre la nécessité d'une aide directe sous forme de chèques distribués par les municipalités et les organismes privés de charité. Mais entre cette nécessité et la reconnaissance du principe de *l'assurance sociale*, c'est-à-dire que la pauvreté était une responsabilité de la société en général et non une responsabilité individuelle, il y avait un pas énorme que ces libéraux ne voulaient pas franchir, notamment sur la question de la charité publique.

---

[172] «Ottawa et le chômage», *Le Canada*, 20 octobre 1935. «On n'est jamais si bien servi», *Le Canada*, 23 octobre 1931.
[173] «Ottawa, les maires et l'aide aux chômeurs», *Le Canada*, 20 mars 1935.

## LA CHARITÉ PUBLIQUE

Ce fut une tragique coïncidence. En 1933, la Société Saint-Vincent-de-Paul célébra le centenaire de sa fondation[174]. Mais au cours de cette même année, cette société, complètement débordée au Québec, et particulièrement à Montréal, abandonna l'aide aux chômeurs, pour se consacrer uniquement à l'assistance aux malades, aux vieillards, aux veuves, aux orphelins et aux infirmes.

La loi de 1921 avait constitué un précédent en ce sens que pour la première fois, l'État provincial entendait accorder des montants statutaires pour l'aide sociale. Henri Bourassa y avait vu une dangereuse incursion de l'État dans un domaine réservé à l'Église et la charité privée[175]. Mais Mgr Pelletier, alors recteur de l'Université Laval, mit un frein aux attaques de Bourassa quand il fit comprendre que l'État assumait une fonction normale en assistant les œuvres privées[176]. D'autant plus que la loi de 1921 n'avait pas vraiment remis en question les principes de charité publique qui prévalaient au Québec, comme dans tout le monde occidental, depuis le premier tiers du XIXe siècle[177].

À la veille de la Crise, plusieurs organismes privés indépendants et quatre fédérations se partageaient l'organisation de la charité au Québec : la «Federation of Jewish Philantropies», la «Federated Charities» pour les protestants, la «Catholic Charities» pour les anglophones catholiques, la Fédération des Oeuvres sociales. Dans la région de Montréal, on pouvait compter 74 établissements catholiques francophones. Jusqu'en 1932, certaines institutions anglophones ne purent avoir droit à des subventions provinciales parce qu'elles offraient des services «hors les murs». Or, suivant en cela les principes des «Poor Laws» britanniques des années 1830, la loi

---

[174] Créée en 1833, à Paris, par Frédéric Ozanam, la Société s'installait au Québec en 1846. Mongeau, Serge, *Evolution de l'Assistance publique au Québec*, Montréal, Éditions du Jour, 1967, 28.

[175] Vigod, Bernard, «Ideology and Institutions in Quebec : The public Charities Controversy, 1921-1926», *Histoire sociale*, mai 1978, 167-82.

[176] Mongeau, Serge, *op. cit.*, 48.

[177] *Ibid.*

de 1921 prévoyait des fonds pour les institutions qui s'occupaient des pauvres et des malades en résidence.

En 1932, le gouvernement provincial reconnut certaines institutions anglophones « hors les murs ». Cette même année, la Fédération des œuvres de charité canadienne-française fut mise sur pied pour coordonner l'administration des organismes de charité canadiens-français, plus précisément pour centraliser la collecte des fonds. Auparavant, cette collecte se faisant dans un cadre paroissial et métropolitain. Plusieurs personnalités publiques, dont Olivar Asselin[178], avaient réclamé un changement à cet effet. Le premier président de la Fédération fut Pamphile Du Tremblay, le président de *La Presse*.

D'ailleurs, ce journal commenta à plusieurs reprises en éditorial la situation des œuvres de charité et incita ses lecteurs à participer aux différentes collectes. Pour *La Presse*, si l'ancienne fédération des œuvres sociales était remplacée, c'était simplement « pour embrasser le plus possible de sociétés ou de groupes » qui n'en faisaient pas partie et rendre leurs activités « plus fructueuses »[179]. Quant au « devoir de charité », il restait « impérieux pour tous ». Quiconque négligeait de l'accomplir manquait « à ses obligations non seulement de chrétien, mais aussi à ses obligations de citoyen »[180].

Cette morale de la charité avait été dominante dans l'Angleterre du premier tiers du XIX$^e$ siècle et n'était pas sans créer une certaine ambiguïté. D'une part, on l'a vu, la pauvreté était une responsabilité individuelle. Le pauvre méritait son sort. Mais, d'autre part, c'était un devoir religieux pour le riche de secourir les gens en difficulté, surtout les malades et les vieillards. Il était essentiel que la charité reste du domaine privé et qu'elle ne soit pas accaparée par l'État.

Ce principe sera défendu avec autant de vigueur par la presse libérale que celui du secours indirect pour les chômeurs.

---

[178] « L'organisation de la charité », *Le Canada*, 22 octobre 1931. « Pour rétablir les faits », *Le Canada*, 31 décembre 1931.

[179] « Nos œuvres charitables », *La Presse*, 16 janvier 1933.

[180] *Ibid.*

«L'État sera toujours, quoi qu'on en dise, un piètre infirmier. Il ne *peut* s'occuper directement des cas de misère et d'infortune ; mieux vaut confier cette mission à ceux et à celles qui sont qualifiés pour la remplir et qui ont déjà prouvé leur compétence. Faisons l'inventaire des moyens dont nous disposons, comblons les lacunes que cet examen révélera, accordons à chaque institution une aide financière raisonnable, et à la question sociale en notre province ne nous causera guère d'inquiétude»[181].

Conséquemment, on fit constamment l'apologie, dans *La Presse*, *Le Soleil* et *Le Canada* des institutions privées de charité. Le Refuge Meurling[182], l'Oeuvre de la soupe[183], la Société Saint-Vincent-de-Paul[184], furent décrits comme des organismes privés capables de subvenir aux besoins des miséreux, des malades et des vieux. En ce qui concerne ces derniers, *Le Soleil* soutenait encore en 1935 que le principe des pensions de vieillesse était inacceptable et que de toute façon la province s'occupait très bien de ses vieux.

«Soit par le dévouement filial, par la charité privée ou par l'assistance publique, la Province de Québec a toujours pris soin de ses vieillards. Quand l'âge ou la maladie ou la pauvreté empêche nos vieux et nos vieilles de gagner leur pain quotidien, on a vu à les consoler»[185].

Cet attachement dans les éditoriaux de ces trois journaux à une conception bien précise de la charité s'appliqua également à la crise budgétaire des différents paliers de gouvernement.

---

[181]    «L'œuvre sociale», *La Presse*, 18 mai 1932.
[182]    «Le Refuge Meurling», *La Presse*, 19 septembre 1933.
[183]    «L'Œuvre de la soupe», *La Presse*, 21 janvier 1933.
[184]    «La Saint-Vincent-de-Paul», *La Presse*, 3 janvier 1933. «La Saint-Vincent-de-Paul», *La Presse*, 2 mai 1933. «Le devoir de donner», *La Presse*, 11 février 1933. «Le Patronage de la Saint-Vincent-de-Paul», *Le Soleil*, 18 janvier 1930.
[185]    «Les pensions de vieillesse», *Le Soleil*, 7 octobre 1935.

# CHAPITRE IV

## LA CRISE BUDGÉTAIRE

Une autre conséquence de la crise économique fut de rendre extrêmement difficile la situation financière des pouvoirs publics au Canada. Les trois paliers de gouvernement, fédéral, provincial et municipal, furent touchés, leurs revenus étant érodés par la baisse de la consommation, des importations et par le fait qu'un nombre croissant de contribuables ne pouvait plus payer leurs taxes foncières[186].

La réponse des gouvernements fut d'augmenter les taxes. Entre 1926 et 1930, les taxes qui comptaient pour 17% du revenu national représentaient 26.5% du revenu national en 1933[187]. Malgré ces augmentations, les gouvernements ne purent empêcher la présentation de budgets déficitaires. Évidemment, ces déficits ne résultaient pas d'une croyance nouvelle dans les bienfaits de la dépense budgétaire anticyclique. Approche qui de toute façon n'était discutée que dans quelques cénacles de spécialistes et que Keynes synthétisa en 1936 avec la publication de sa théorie générale. Sauf dans le cas de T.D. Pattullo, premier ministre de la Colombie-Britannique entre 1933 et 1941, tous les gouvernants ou politiciens canadiens rêvaient d'équilibre budgétaire dans une conjoncture de crise où les déficits s'accumulaient.

Après la Première Guerre mondiale et jusqu'en 1930, la part du gouvernement fédéral dans des dépenses d'assistance sociale fut relativement modeste. En vertu de l'Acte de l'Amérique du nord

---

[186] Horn, Michiel, *La grande dépression des années 30 au Canada*, Ottawa, Société historique du Canada, 1984, 8.

[187] *Ibid.*, 8.

britannique, ces dépenses étaient de responsabilité provinciale et municipale. En fait, de 1921 à 1929, les dépenses du gouvernement fédéral dans ces domaines déclinèrent, alors que celles des provinces passèrent de 91.4 millions à 163.2 millions.

Au total, en 1921, alors que les dépenses des neuf provinces canadiennes totalisaient une somme égale à 19% du budget fédéral, en 1929, ces dépenses équivalaient à 40.3% du budget fédéral. Malgré l'augmentation des dépenses du gouvernement fédéral dans ces champs de juridiction provinciale entre 1930 et 1937, la part des dépenses des provinces par rapport au fédéral passa à 49.2% en 1934 et resta à 48.9% en 1937[188].

La Crise a donc placé les provinces et les municipalités devant la nécessité d'intervenir plus massivement dans le domaine social, ce qui, du même coup, entraîna le gouvernement fédéral dans des dépenses qui n'étaient pas de sa juridiction. D'ailleurs, jusqu'à la fin des années 30, King a constamment cherché, aussi bien comme chef de gouvernement que chef de l'opposition, à soustraire le gouvernement fédéral de ces responsabilités[189]. Même si, de toute évidence, le gouvernement fédéral se devait d'intervenir puisque ni les provinces ni les municipalités n'avaient les ressources suffisantes pour tenir le coup. Plusieurs municipalités furent acculées à la faillite à la fin des années 1930. Du côté des provinces, le Manitoba, la Saskatchewan, la Colombie-Britannique, évitèrent pour leur part l'insolvabilité, grâce à des prêts d'Ottawa, alors que l'Alberta faillit carrément au paiement de ses dettes[190].

La situation financière d'Ottawa fut en outre sérieusement ébranlée par les difficultés du Canadien National, déficitaire après 1929. En fait, entre 1930 et 1936, Ottawa dépensa plus en intérêts sur les dettes du CNR qu'en subventions pour l'aide aux chômeurs[191]. D'où une situation extrêmement délicate. En 1930, les

---

[188] Thompson, John Herd et Allen Seager, *Canada : 1922-39. Decades of Discord*, Toronto, McClelland and Stewart, 1985, 341.

[189] *Ibid*.

[190] Horn, Michiel, *op. cit.*, 9.

[191] *Ibid*.

paiements des intérêts sur les dettes représentaient 27% des recettes fiscales de l'État fédéral. Trois ans plus tard, ces paiements absorbaient les deux tiers de ces recettes et le tiers des recettes fiscales provinciales.

Dans ce contexte, l'idée d'un «deficit spending» comme facteur de relance fut mal comprise, même après 1936. Les différents gouvernements n'en furent pas moins constamment déficitaires, comme on l'a déjà mentionné. Le tableau 2 illustre d'ailleurs l'évolution de la situation budgétaire de l'État fédéral pour les années qui concernent notre étude, soit entre 1929 et 1935. Alors que les revenus ne cessent de décroître entre 1929 et 1935, les dépenses, elles, atteignent un plafond de $532.4 et $532.6 millions en 1932 et 1935, le déficit pour ces deux années étant de $220.7 millions et $160 millions.

La situation budgétaire au niveau de la province de Québec, quoique moins catastrophique, fut également difficile. Au tableau 3, on peut voir, premièrement, que le budget de la Province est dix fois moindre que celui d'Ottawa. Comme dans le cas du fédéral, les revenus de la province ont considérablement régressé entre 1929 et 1935, passant de $43 millions en 1929-30 à $28 millions en 1933-34. À noter que les dépenses aussi diminuèrent, de $40 millions en 1930-31 à $33 millions en 1933-34, ce qui n'a pas empêché le déficit de croître et d'atteindre un sommet de 6 millions en 1932-1933.

Enfin, au niveau municipal, il est intéressant de constater que le budget de la Ville de Montréal était comparable à celui de la province. De 37 millions en 1930, les revenus passèrent à 34 millions en 1933, puis à 28 millions en 1934. Déficitaire de six millions au cours de cette année, la Ville de Montréal, administrée à nouveau par Camillien Houde à partir de 1934, dut s'entendre avec la Banque Canadienne Nationale et la Banque de Montréal pour un prêt[192].

---

[192] Copp. Terry, *op. cit.*, 121.

## TABLEAU 2
### Budgets fédéraux : 1929-1935
### (en millions de dollars)

|  | Revenus | Dépenses | Surplus | Déficits |
|---|---|---|---|---|
| **1929-30** | 453, | 405,3 | 47,7 |  |
| **1930-31** | 357,7 | 441,6 |  | 83,9 |
| **1931-32** | 334,5 | 448,7 |  | 114,2 |
| **1932-33** | 311,7 | 532,4 |  | 230,7 |
| **1933-34** | 314,6 | 458,2 |  | 133,6 |
| **1934-35** | 361,9 | 478,1 |  | 116,2 |
| **1935-36** | 372,6 | 532,6 |  | 160,0 |

*Source* :John Herd Thompson et Allen Seager,
*Canada, 1922-1939. Decades of Discord,*
Toronto, McClelland and Stewart, 1985, 338.

## TABLEAU 3
### Budgets de la Province de Québec : 1929-1935

|  | Revenus | Dépenses | Surplus | Déficits |
|---|---|---|---|---|
| **1929-30** | $43,585,140 | $39,374,910 | $ 4,210,230 |  |
| **1930-31** | $41,630,620 | $40,853,844 | $ 776,775 |  |
| **1931-32** | $30,761,991 | $33,992,519 |  | $ 3,230,528 |
| **1932-33** | $31,023,889 | $37,864,797 |  | $ 6,840,907 |
| **1933-34** | $28,282,503 | $33,876,977 |  | $ 5,694,473 |
| **1934-35** | $ 31,984,886 | $36,924,121 |  | $ 4,939,235 |

*Source* : *Comptes publics du Québec,*
Québec, 1929-30, 1930-31, 1931-32, 1932-33, 1933-34, 1934-35.

## TABLEAU 4
### Budgets de la Ville de Montréal

|      | Recettes     | Dépenses     |
|------|--------------|--------------|
| 1930 | $37,745,941  | $38,083,970  |
| 1931 | $37,888,877  | $38,947,260  |
| 1932 | —            | —            |
| 1933 | $34,440,429  | $36,770,814  |
| 1934 | $28,149,220  | $33,561,422  |

*Source : Statistiques municipales,* Québec, 1930, 1931, 1932-33, 1934-36

## TABLEAU 5
### Budgets de la Ville de Québec : 1929-1935

|      | Recettes     | Dépenses     | Surplus      | Déficits    |
|------|--------------|--------------|--------------|-------------|
| 1930 | $3,662,410   | $2,563,517   | $1,098,893   |             |
| 1931 | $3,748,102   | $2,672,515   | $1,075,587   |             |
| 1932 | $3,621,833   | $3,176,582   | $ 445,251    |             |
| 1933 | $3,474,094   | $2,281,547   | $1,192,547   |             |
| 1934 | $4,558,126   | $4,776,410   |              | $ 218,284   |
| 1935 | —            | —            | —            | —           |

*Source: Statistiques municipales,* Québec, 1930, 1931, 1932-33, 1934-36.

Rappelons que Montréal fut finalement placée, en 1940, sous la tutelle d'une commission provinciale parce qu'elle ne pouvait plus rembourser ses dettes et que le déficit prévu pour cette année était de 10 millions[193]. Quant à la ville de Québec, ses budgets oscillèrent entre 3 et 4 millions et le premier déficit fut enregistré en 1934 (voir le tableau 5).

En somme, au cœur de la crise économique, la presse libérale francophone, fidèle en cela à ses principes rigides, défendit avec acharnement l'idée de l'équilibre budgétaire et ce pour tous les paliers de gouvernement.

## LES BUDGETS FÉDÉRAUX

Concert d'éloges, évidemment, au printemps de 1930, lorsque M. Dunning, ministre libéral des Finances, présenta son budget. Réduction d'impôt sur les ventes, modifications sur la taxe du revenu, augmentation du droit douanier sur le beurre néo-zélandais, rajustements relatifs aux produits des industries métallurgiques canadiennes et britanniques, diminution des droits sur les machines agricoles d'importation anglaise, traitement préférentiel plus accentué pour la Grande-Bretagne, et, surtout, un surplus de 47.7 millions pour l'année budgétaire commençant le 1er avril 1929 et se terminant le 31 mars 1930, voilà autant de mesures qui emballèrent *Le Canada*, *Le Soleil* et *La Presse*[194].

Par ce budget, les libéraux, en principe libre-échangistes, auraient voulu servir un avertissement aux États-Unis en favorisant l'Angleterre et les pays de l'Empire britannique. Les États-Unis, en effet, prirent des mesures très protectionnistes avec le tarif Fordney dans les années 20 puis, en 1930, avec le tarif Smoot - Hawley. Le budget Dunning stabilisait le tarif par des augmentations « de certains items » et des diminutions d'autres qui touchaient surtout, dans ce cas, les produits britanniques. Le Canada entendait, selon *La*

---

[193] *Ibid.*, 127.

[194] « Le discours du budget », *Le Canada*, 2 mai 1930. « Le budget Dunning », *Le Soleil*, 2 mai 1930. « Le budget », *La Presse*, 2 mai 1930.

*Presse*[195], traiter «loyalement» ses compétiteurs et se réservait le droit d'encourager «de sa clientèle» les pays qui le «patronneraient davantage»[196].

Pour *Le Canada*, le discours du budget, c'était le bulletin de santé économique d'un pays, et celui prononcé par M. Dunning indiquait que le Canada se portait bien, «malgré la légère crise qui est venue interrompre momentanément la magnifique période de prospérité commencée il y a cinq ans»[197]. En fait, ce budget était parfaitement conforme, selon *Le Canada*, aux «principes libéraux», et ouvrait, selon *Le Soleil*, une «ère de progrès immense pour le Canada»[198].

Au cours de la campagne électorale fédérale de juillet 1930, le budget Dunning fut le fer de lance des libéraux. Mais il semble que l'électorat canadien ait été peu impressionné par ce budget: les conservateurs l'emportèrent avec 137 députés contre 91 libéraux[199]. En juin 1931, R. B. Bennett, qui cumulait les fonctions de Premier ministre et de ministre des Finances, présenta son premier budget. L'exercice budgétaire qui s'achevait en juin 1931 laissait voir un déficit de 83 millions et un déficit anticipé de 105 millions pour 1931-32. Diverses hausses de taxes et un nouveau tarif devaient rapporter 78 millions de dollars. *Le Canada* et *Le Soleil* attaquèrent durement ce budget. On reprochait à Bennett son «protectionnisme» et le fait d'avoir gaspillé 20 millions de dollars pour les municipalités qui devaient secourir les chômeurs[200].

Pour *Le Soleil*, les conservateurs auraient:

«donné 20 millions en pâture aux municipalités, et ces vingt millions ont été dépensés de façon fort désordonnée, sans résoudre en rien la crise des sans-travail. Mais on a institué un précédent terrible. Désormais, le gouvernement fédéral a donné au peuple l'impression

---

[195] *Ibid.*

[196] *Ibid.*

[197] *Ibid.*

[198] «Une ère de progrès immense s'ouvre pour *le Canada*», *Le Soleil*, 14 mai 1930. «Conforme aux principes libéraux», *Le Canada*, 27 mai 1930.

[199] Thompson, John Herd et Allen Seager, *op. cit.*, 336.

[200] «Budget de misère», *Le Canada*, 4 juin 1931.

que c'est l'État qui doit donner de l'ouvrage et de l'argent à ceux qui ne travaillent pas»[201].

*La Presse* fut plus modérée. Dans un éditorial du 2 juin, elle considéra ce budget comme un «effort louable» compte tenu de la «fâcheuse situation». Mais l'augmentation des taxes de vente et celle de l'impôt sur les corporations se devaient d'être des mesures strictement temporaires, lesquelles, souhaitait *La Presse*, pourraient être supprimées dès l'année suivante avec la reprise des activités économiques[202].

Les budgets de 1931-32 et de 1932-33 furent encore plus catastrophiques. Un déficit de 114 millions la première année, 220 millions la deuxième. Entre-temps, Rhodes avait remplacé Bennett comme ministre des Finances. Encore une fois, *Le Canada* et *Le Soleil* furent impitoyables. On accusait Bennett d'avoir tué le commerce canadien en imposant des tarifs prohibitifs[203]. Pour *La Presse*, l'exposé budgétaire fait par M. Rhodes en avril 1932 apportait une nouvelle preuve que si la crise économique touchait «à sa fin», elle n'était pas «cependant encore terminée»[204]. Et au plus fort de la crise, en 1933, Olivar Asselin stipulait qu'en temps difficiles, l'État devait «réduire au strict minimum ses dépenses»[205].

La présentation des budgets par M. Rhodes en 1933-34 et 34-35 n'a pas donné lieu à des réactions différentes, les déficits étant encore très élevés, quoique inférieurs à celui de 1932-33. Même ton modéré dans *La Presse*, plus indulgente, qui n'en conclut pas moins à la nécessité de réduire coûte que coûte le déficit et les impôts[206]. Mêmes litanies dans *Le Canada* et *Le Soleil* qui accusent le gouvernement Bennett de dilapider les fonds publics et d'avoir augmenté la dette de l'État fédéral de $550 millions sans aucun programme

---

[201] «Ralston démantibule le budget Bennett», *Le Soleil*, 5 juin 1931.
[202] «Le budget fédéral», *La Presse*, 2 juin 1931.
[203] «La baisse des revenus fédéraux», *Le Soleil*, 21 août 1932.
[204] «Le budget fédéral», *La Presse*, 7 avril 1932.
[205] «Budget de bouviers», *Le Canada*, 27 mars 1933.
[206] «Le budget fédéral», *La Presse*, 19 avril 1934. «Le budget de M. Rhodes», *Le Soleil*, 19 avril 1934. «Le discours du budget», *La Presse*, 25 mars 1935.

d'amortissement[207]. Or, pour *Le Soleil*, le budget de l'État devait être administré comme le portefeuille du bon père de famille. «Ni les particuliers, ni l'État ne sauraient s'endetter de plus en plus profondément sans qu'il arrive un jour où ils se trouvent en banqueroute»[208]. Enfin, en mars 1935, Pierre Simon, dans *Le Canada*, identifia le déficit ferroviaire et les coûts du chômage comme les causes du déficit budgétaire de l'État fédéral[209].

De plus, Simon, comme l'éditorialiste du *Soleil*, considérait que le tarif demeurait à un niveau trop élevé. En relevant le tarif sur plus de 370 catégories d'articles, le gouvernement, soutenait Simon, aurait fait fléchir le commerce de 50%. D'où la nécessité, selon la presse libérale, d'un budget prônant des mesures tarifaires «modérées», prélude au libre-échange.

Pour réduire les dépenses du chômage, on présentait comme solution une réduction des sommes dévolues aux travaux publics, même si cette forme d'aide était jugée préférable au secours direct qui encourageait, a-t-on écrit, la fainéantise. Surtout, l'on condamnait le protectionnisme de Bennett par rapport aux États-Unis en misant sur la possibilité que les États-Unis réduiraient tôt ou tard les tarifs de 1929 et de 1930. Au fond, toutes ces mesures trahissaient, malgré le ton haut et péremptoire du *Canada* et du *Soleil*, un refus de reconnaître des problèmes dont l'ampleur était inimaginable quelques années plus tôt. Il faut dire que *Le Canada* et *Le Soleil* en particulier se montrèrent moins sévères face aux déficits budgétaires de l'administration Taschereau laquelle, de fait, fut beaucoup plus économe dans sa gestion des fonds publics.

## LES BUDGETS PROVINCIAUX

La description des budgets provinciaux par la presse libérale fut caractérisée par la défense des deux mêmes idées: d'une part, le principe de l'équilibre budgétaire considéré, en soi, comme un sain

---

[207] «M. Ralston et le budget», *Le Canada*, 26 avril 1936.
[208] «M. Bennett et les finances publiques», *Le Soleil*, 11 octobre 1935.
[209] «Quelques réflexions sur le budget», *Le Canada*, 27 mars 1935.

principe de gestion; d'autre part, l'assainissement des finances des États présenté comme une nécessité absolue, même si cela signifiait une réduction de l'aide sociale. Ainsi, selon *Le Canada*, «la vraie tradition libérale consiste à administrer avec sagesse et en-deçà des revenus»[210]. C'est exactement ce que fit M. MacMaster, trésorier provincial, qui annonça, en janvier 1930, dans son discours du budget, un surplus de 4 millions pour l'exercice budgétaire se terminant en juillet 1930[211]. Quelques mois plus tard, Taschereau lui-même confirma cette prévision au terme de l'exercice budgétaire.

Ce succès était d'autant plus méritoire, selon *Le Canada*, que le gouvernement provincial avait versé au cours de cette année un million à la «grande université canadienne-française», ce qui aurait contribué «à activer les travaux actuellement en cours sur les versants du Mont-Royal»[212]. De plus, une autre somme de 1 million, puisée à même les revenus de la Commission des Liqueurs fut portée au compte de l'Assistance publique qui en fit bénéficier les «pauvres» et les «indigents».

En janvier 1931, *Le Soleil* vanta les mérites du gouvernement Taschereau qui prévoyait, malgré certaines difficultés, un autre surplus budgétaire pour l'été 1931. L'Ontario annonça pour sa part un déficit. L'avantage de la province de Québec par rapport à cette dernière aurait été d'avoir su conserver, au cours de trente années de régime libéral, ce principe selon lequel «il ne fallait pas dépenser au-delà de ses moyens» et «accroître les dépenses uniquement en proportion des besoins et des ressources de la province»[213].

Agissant pour la première fois comme ministre des Finances, Taschereau présenta lui-même la situation budgétaire en novembre 1931, après avoir annoncé, en mai, que la province connaîtrait un

---

[210] «Le surplus de la province», *Le Canada*, 28 juillet 1930.

[211] «Le budget provincial», *Le Soleil*, 24 janvier 1930. «Situation prospère», *La Presse*, 24 janvier 1930.

[212] «Le surplus de la province», *Le Canada*, 28 juillet 1930.

[213] «Deux provinces, deux budgets», *Le Soleil*, 13 janvier 1931. «La province de l'équilibre», *Le Soleil*, 22 janvier 1931. «Compassion entre Québec et Ontario», *Le Soleil*, 12 février 1931.

surplus[214]. Prévoyant un déficit pour l'année budgétaire 1931-32, Taschereau entendit cependant rester fidèle à sa ligne de conduite de «dépenser selon ses moyens» et d'éviter, surtout, de s'engouffrer dans l'aide directe aux chômeurs «sans se soucier des conséquences»[215]. Ce à quoi *La Presse* applaudit, en soulignant que c'était en restant «raisonnable» et «laborieux» qu'on allait trouver des solutions aux «difficultés passagères»[216].

En 1932 et 1933, les déficits de la province furent de 3 millions et de 6 millions. Qu'à cela ne tienne, répondit Olivar Asselin dans *Le Canada*. En maintenant ses principes d'économie, Taschereau avait su contenir le déficit au minimum, alors que dans les autres provinces, la situation était plus grave[217]. Ainsi, selon *Le Canada*, au Manitoba le déficit était de 1 million dans une province quatre fois moins peuplée que le Québec; en Alberta, en Saskatchewan et en Colombie anglaise, les déficits respectifs oscillaient entre 4 et 6 millions; enfin, en Ontario, le déficit frôlait les six millions[218].

Aussi, lorsque le nouveau trésorier provincial, R. F. Stockwell, annonça en février 1933 puis présenta en septembre de la même année un budget déficitaire de 6 millions, on loua ses efforts pour empêcher que le déficit ne soit encore pire[219]. De plus, malgré ces déboires, la province de Québec continua à jouir d'une excellente réputation dans le monde financier à la suite des mesures prises par Taschereau et Stockwell visant à créer un fonds d'amortissement de la dette publique, «pratique sage» selon *La Presse*, que malheureusement peu de provinces auraient suivie[220]. Or, pour la presse libé-

---

[214] «Les finances provinciales», *Le Soleil*, 13 mai 1931.
[215] «Le budget provincial», *La Presse*, 27 novembre 1931.
[216] *Ibid.*
[217] «Finances provinciales», *Le Canada*, 10 mars 1932.
[218] *Ibid.* «L'Ontario et nous», *Le Soleil*, 18 août 1931. «Nos finances en équilibre», *Le Soleil*, 19 septembre 1932. «Vivre suivant nos moyens», *Le Canada*, 1er octobre 1932.
[219] «Le déficit budgétaire de la province», *Le Canada*, 13 septembre 1933.
[220] «Finances provinciales», *La Presse*, 11 septembre 1933.

rale francophone, l'opinion des milieux financiers était plus importante que toute autre considération.

Les difficultés continuèrent en 1933-34 et 1934-35, avec des déficits de 5 et 4 millions. Le gouvernement provincial fut particulièrement sensible à la baisse des revenus : 28 millions seulement furent récupérés par le trésor provincial en 1933-34, et 31 millions en 1934-35. Encore une fois, la presse libérale souligna les efforts de Stockwell afin de limiter les dépenses et, conséquemment, le déficit budgétaire. Après tout, selon Le Soleil, la dette de la province restait « la plus petite du pays par tête de citoyen »[221]. Le même quotidien devait ajouter un peu plus tard : « que les maisons de finance jugent que dans cette partie du pays, on vit et on gouverne plus économiquement que dans tout le reste du Canada »[222]. Plus tard, en septembre 1934, La Presse louangeait également la « prudence » du gouvernement provincial[223]. L'année suivante, malgré le déficit de 5 millions, Edmond Turcotte reprit l'argument selon lequel la dette du Québec était la plus faible par habitant au Canada[224]. Pour sa part, La Presse, dans le numéro du 3 septembre 1935, souligna avec inquiétude la montée des dépenses se rapportant au chômage[225]. En fait, La Presse, même si elle commentait avec modération les budgets fédéraux du gouvernement Bennett, n'en considérait pas moins le gouvernement Taschereau comme un modèle de gestion prudente.

Or, nous avons déjà vu que la presse libérale refusait d'admettre le fait que la crise n'était pas conjoncturelle mais bien structurelle. Fidèle également à ses principes de responsabilité individuelle face à la pauvreté, jamais l'éventualité de l'établissement d'un programme universel d'assurance-chômage ne fut favorablement présentée. Par ailleurs, en vertu d'une logique libérale très orthodoxe, les journaux libéraux défendirent vraiment avec acharnement le

---

[221] « L'effort de Québec en temps de crise », Le Soleil, 2 février 1934.
[222] « De saines finances provinciales », Le Soleil, 21 mars 1934.
[223] « Les finances provinciales », La Presse, 17 septembre 1934.
[224] « De saines finances », Le Canada, 9 février 1935.
[225] « Finances provinciales », La Presse, 3 septembre 1935. « Québec, province plus favorisée », Le Soleil, 9 février 1935, « Recours extrême à la surtaxe », Le Soleil, 30 avril 1935.

principe de l'équilibre budgétaire en temps de crise. On était persuadé qu'un retour à l'équilibre était un facteur de confiance et de reprise normale de l'activité économique. Point de surprise alors au fait que cette presse vit dans le régime Taschereau un modèle. Bien sûr, dans le cas du *Canada* et du *Soleil*, la partisanerie et la mauvaise foi étaient criantes. N'empêche que par rapport au gouvernement fédéral et aux autres gouvernements provinciaux, qui n'en partageaient pas moins la même représentation idéologique de l'économie, le gouvernement Taschereau fut peut-être celui qui aborda le problème budgétaire avec le plus d'orthodoxie et la plus grande rigueur libérale. Quitte à ce que des centaines de chômeurs soient carrément laissés à leur sort, l'équilibre budgétaire ou, à tout le moins, le resserrement du déficit dans des limites acceptables, étaient prioritaires.

Alors qu'au fédéral, les dépenses en 1931-32 et 1934-35 furent supérieures au niveau des dépenses de 1929-30 et 1930-31, au Québec, ce fut l'inverse: de 1931-32 à 1934-35, les dépenses furent inférieures au niveau des années 1929-30 et 1930-31. Cela fut très préjudiciable aux municipalités du Québec qui durent supporter le poids de l'aide aux chômeurs. Illustration de ce fait, quelques années plus tard, en 1940, lorsque la commission Rowell-Sirois publia son rapport, il apparut que les municipalités du Québec avaient défrayé 26% des dépenses en secours direct au cours des années 30, alors que la moyenne nationale était de 15%. Selon Terry Copp, cette statistique a prouvé que la crise financière de Montréal fut «a direct result of relief expenditures»[226]. Voyons maintenant quelle fut, justement, la réaction des quotidiens libéraux à la situation budgétaire de Montréal et Québec.

## LES BUDGETS MUNICIPAUX

On a reproché beaucoup de choses à Camillien Houde. Mais en tant que maire de Montréal pour trois mandats dans les années 1930 (1930-32, 1934-36, 1938-40), Houde fut l'un des rares politiciens québécois à comprendre l'acuité du problème de la pauvreté

---

[226] Copp, Terry, *op. cit.*, 125.

dans une ville comme Montréal. Ni Taschereau, ni son héritier spirituel, du moins sur ces questions, Duplessis, n'ont semblé en mesure de saisir l'ampleur du problème et la nécessité d'une intervention des pouvoirs publics. Pas nécessairement pour relancer l'économie, mais plus simplement pour empêcher des milliers de gens d'être sans ressource.

Il est vrai que Taschereau, en 1935, proposa, à la veille de la conférence des maires canadiens tenue à l'hôtel Mont-Royal à Montréal[227], d'alléger le fardeau financier des municipalités en les dégageant de l'obligation de l'aide aux chômeurs qui aurait pu être entièrement prise en charge par les provinces et le fédéral. Par cette proposition, il semble cependant que Taschereau ait été avant tout soucieux d'éviter à Montréal la faillite financière, ce qui, il va sans dire, aurait menacé la bonne cote de la province auprès des milieux bancaires. Mais en même temps, cette situation forçait Taschereau à soumettre une solution qui impliquait de plus grandes dépenses, créant ainsi la possibilité d'une entorse à ses principes d'équilibre budgétaire. Néanmoins, tout cela resta au niveau des intentions, puisque, on l'a vu, le budget de 1935, malgré des dépenses supplémentaires de 3 millions, fut quand même assez prudent. Et si, par cette proposition, Taschereau se rapprocha de Houde en 1935, il ne s'était peut-être pas nécessairement départi de son vieux projet, partagé par les milieux bancaires, de mettre Montréal sous tutelle administrative.

Selon Terry Copp, toute la presse de Montréal, libérale, conservatrice et même nationaliste, ainsi que la Chambre de Commerce et le «Board of Trade», accusèrent Houde, surtout après 1934, de souffler le problème de l'aide directe aux chômeurs[228]. Dans ces milieux, on s'entendait sur le fait que la Ville devait coûte que coûte équilibrer ses budgets sans recourir à des emprunts, c'est-à-dire en augmentant ses revenus. Mais dans l'éventualité d'une hausse de

---

[227] Rumilly, Robert, *Histoire de Montréal*, Montréal, Fides, 1974, 229.
[228] Copp, Terry, *op. cit.*, 122. Les journaux suivants auraient défendu ces points de vue : *Le Star, La Patrie, La Presse, Le Devoir, La Gazette.*

taxes, cela ne devait pas toucher les propriétaires fonciers, les commerçants, les industriels et les banques. En somme, la marge de
manœuvre qu'on laissait à Camillien Houde n'était pas très grande.
En filigrane, se profilait tout le problème de l'autonomie de
Montréal. Au début de 1932, les municipalités du Québec étaient
pour la plupart dans une situation délicate. Les taxes municipales ne
rentraient pas. Les propriétés saisies en paiement de taxes se ven-
daient à des prix dérisoires. La participation municipale aux frais de
travaux de chômage aggravait les déficits[229]. Pour empêcher que la
situation ne se détériore davantage, le gouvernement Taschereau créa
une Commission provinciale chargée d'enquêter sur l'administration
financière des municipalités qui ne pouvaient acquitter leurs dettes.
Dans certains cas, la Commission pouvait se substituer aux adminis-
trations municipales. À Montréal, justement, les créanciers de la
Ville, la Banque de Montréal et la Banque Canadienne Nationale, se
déclaraient en faveur d'une mise en curatelle[230]. Lui-même favorable à l'idée, mais craignant des retombées électorales négatives,
Taschereau laissa jusqu'au premier mai 1934 à la Ville de Montréal
pour trouver des solutions.

C'était un problème aux conséquences gigantesques. Avec un
million d'habitants en 1931, la Ville de Montréal gérait un budget
comparable à celui du gouvernement du Québec. En janvier 1932,
Houde rencontra Charles Gordon, président de la Banque de Montréal, et Beaudry Leman, de la Banque Canadienne Nationale. Leman, incidemment, était le gendre de Frédéric L. Béique, l'un des
fondateurs du *Canada*. Houde leur soutira un prêt de 6 millions à 6%
d'intérêts[231]. Car les banques continuaient à prêter, même si elles
réclamaient l'assainissement des finances. Avec cet argent, il lança
une série de travaux publics : terrains de jeu, tunnels, bains publics,
vespasiennes (surnommées les «camilliennes»), signaux de circula-
tion, chalet au parc Lafontaine, chalet sur le Mont-Royal, et, enfin,
le Jardin Botanique. Des sommes furent également versées aux
institutions privées de charité.

---

[229] Rumilly, Robert, *op. cit.*, 157.
[230] *Ibid.*, 158.
[231] *Ibid.*

Pendant ce temps, la presse libérale entonna son credo de l'équilibre budgétaire, reprenant ainsi le point de vue des milieux bancaires. Compte tenu des problèmes de revenus, les villes, et tout particulièrement Montréal, devaient limiter leurs dépenses[232]. Selon *La Presse*, la dette accumulée de la Ville de Montréal était de $212,875,765. en décembre 1931[233]. Il fallait donc coûte que coûte couper dans les dépenses et trouver de nouvelles sources de revenus[234]. Or, selon *La Presse*, il n'était pas question, comme on l'a déjà souligné, que le commerce, l'industrie, les banques et les propriétaires fonciers soient davantage taxés[235].

Lorsque l'ancien ministre libéral fédéral Fernand Rinfret fut élu maire de Montréal, en avril 1932, la presse vit dans cet homme «d'économie» et de «prudence» celui qui saurait améliorer les finances de la métropole canadienne[236]. Pour *La Presse*, il était temps «d'assainir les finances» de la ville en coupant «impitoyablement dans toute dépense inutile»[237]. Aux chômeurs, *La Presse*, commentant un discours de Rinfret, prodigua ces conseils :

> «les chômeurs ne peuvent voir combler à satiété tous leurs vœux, mais dans les circonstances présentes, il est sage de savoir se contenter de peu, si l'on ne peut avoir beaucoup. Sachons être modérés dans nos désirs comme dans nos actions»[238].

Malheureusement, même la prudence de Fernand Rinfret ne put empêcher les finances de la Ville de déraper davantage. En 1934, la Ville de Montréal dut emprunter 15 millions aux banques de Montréal et Canadienne Nationale. Et Camillien Houde revint. Comme les banques réclamaient à cor et à cri la mise en tutelle, sa première manœuvre fut de former, en retour d'un autre prêt de 6 millions, un comité consultatif formé d'hommes d'affaires. Nul autre que Pamphile Réal Du Tremblay, président de *La Presse*, fut chargé

---

232 «Les emprunts des villes», *Le Canada*, 27 décembre 1929.
233 «Finances de Montréal» *La Presse*, 9 décembre 1931.
234 «Il le faut», *La Presse*, 16 septembre 1932.
235 «Fardeau déjà trop lourd», *La Presse*, 9 juillet 1932.
236 «Economie et prudence», La presse, 15 avril 1932.
237 *Ibid.*
238 «Paroles réconfortantes», *La Presse*, 22 septembre 1932.

de la direction de ce comité qui comprenait également Alphonse Raymond, Georges C. MacDonald (de la Banque de Montréal) et C. E. Gravel[239]. Pour augmenter les revenus, le Conseil municipal adopta une taxe de vente de 2% sur tous les produits au détail, sauf les produits alimentaires. Malgré cette nouvelle taxe, la Ville de Montréal eut besoin d'un autre 6 millions[240]. Du Tremblay et *La Presse* manifestèrent alors leur inquiétude[241]. Au cours de l'été 1935, Du Tremblay, au nom du comité consultatif, avertit l'administration municipale : aucun emprunt ne serait consenti par les banques à moins que le comité consultatif ne puisse contrôler le budget de la Ville[242]. Pour s'en sortir, Houde dut intervenir personnellement auprès de Bennett pour que des banques londoniennes acceptent de prêter 6 millions à Montréal.

Ce qu'il faut retenir de ces rocambolesques épisodes marquant les problèmes budgétaires et financiers de Montréal, c'est que la presse libérale reprit le point de vue des milieux bancaires sans se soucier le moins du monde des conséquences sociales d'une réduction considérable des services de secours directs offerts aux chômeurs et des programmes de travaux publics. Tout cela était d'une implacable logique. Dans les milieux économiques et politiques libéraux, parfaitement symbolisés par le président de *La Presse*, la crise, superficielle, ne pouvait pas et ne devait pas entraîner une remise en question des mécanismes existants d'aide aux pauvres et du rôle des gouvernements. Derrière les conflits de personnalité entre Houde et les milieux libéraux, couvaient des divergences idéologiques importantes : sans être un réformiste social radical, Houde considérait tout de même comme essentiel le maintien des services municipaux aux chômeurs alors que la presse libérale et les milieux financiers voyaient comme une nécessité absolue l'équilibre budgétaire dans une conjoncture de crise temporaire et, conséquemment, la réduction des dépenses sociales. La deuxième moitié des années 1930 allait porter un rude coup à cette vision. Même King, nous

239 Rumilly, Robert, *op. cit.*, 208.
240 « Le problème financier de Montréal », *Le Soleil*, 8 janvier 1935.
241 « Le chaos municipal », *La Presse*, 23 février 1935.
242 « Encore l'autonomie de Montréal », *Le Soleil*, 29 juillet 1935.

l'avons déjà souligné, très réticent à l'égard de la possibilité de programmes fédéraux d'assurance sociale, dut se rendre à l'évidente nécessité d'un changement. D'autant plus que plusieurs grandes villes canadiennes, dont Montréal, complètement à bout de ressources, firent faillite à la fin des années 30.

Mais pour en revenir aux années 1929-1935, signalons que le même point de vue fut repris pour les autres municipalités ou villes y compris la Ville de Québec. Au fil des ans, *Le Soleil* s'inquiéta de la montée des dépenses[243] et finit par recommander à la population «d'accueillir sans dépit les compressions du budget»[244], seule façon de vaincre cette «mauvaise habitude québécoise de ne pas s'efforcer suffisamment d'équilibrer ses budgets annuels»[245]. On s'inquiéta également de la situation budgétaire d'autres grandes villes nord-américaines et de pays très liés au Canada.

## LES BUDGETS ÉTRANGERS

Les problèmes financiers de la ville de New York ont retenu l'attention du *Soleil*[246], mais on était encore plus effrayé par les déficits budgétaires de l'État fédéral américain[247]. *La Presse* félicita pour sa part l'administration Hoover et le Congrès, en juillet 1932, pour avoir réduit «au minimum les dépenses du gouvernement»[248], même si le déficit restait élevé et, surtout, la dette nationale, qui se chiffrait à plus de 20 milliards, comparativement à 3 milliards pour le Canada. Lorsque Roosevelt vint, en 1935, avec son second «New

---

[243] «Le budget municipal», *Le Soleil*, 17 avril 1930. «Un budget déséquilibré», *Le Soleil*, 8 avril 1931. «Les finances de la ville», *Le Soleil*, 15 janvier 1932. «Les finances de la cité», *Le Soleil*, 5 février 1933. «On établit le budget», *Le Soleil*, 7 mai 1934.

[244] «Sous le signe de l'économie», *Le Soleil*, 27 avril 1934.

[245] «Toujours l'expédient de l'emprunt», *Le Soleil*, 3 mai 1935.

[246] «Les embarras financiers d'une grande ville», *Le Soleil*, 15 février 1932.

[247] «Le budget d'Oncle Sam», *La Presse*, 11 novembre 1931.

[248] «Le budget américain», *La Presse*, 21 juillet 1932.

Deal», on accueillit avec réserve cette «politique aventureuse», même si on était conscient que les États-Unis pouvaient compter sur des ressources très supérieures à celle du Canada[249].

Soulignons, à titre d'exemple, pour terminer cette partie sur les budgets, que *La Presse* et *Le Canada* accueillirent très positivement le budget britannique de 1931, présenté par Philip Snowden, chancelier de l'Échiquier dans le gouvernement d'union nationale qui comportait de nombreuses mesures «d'assainissement des finances»[250]. Dans ce budget, «l'ouvrier qui [vivait] aux crochets de l'État, [voyait] l'allocation de chômage qui lui est accordée réduite de dix pour cent»[251]. D'autres coupures étaient prévues, de même qu'une hausse des taxes. Même enthousiasme en 1934-35, lorsque Neville Chamberlain, nouveau chancelier de l'Échiquier, présenta un budget excédentaire. L'Angleterre du début des années 1930, même si elle connaissait déjà des programmes d'assurance sociale, était donc encore loin de ce que l'on appela plus tard le keynésianisme.

En fait, les solutions à la crise étaient encore perçues à l'intérieur des concepts et des moyens de l'économie libérale classique, au Québec comme ailleurs.

---

[249] «Déficits effarants», *La Presse*, 12 juillet 1934. «La dette énorme des États-Unis», *Le Soleil*, 18 décembre 1934. «C'est à donner le vertige», *Le Soleil*, 8 janvier 1935.

[250] «Le budget du sacrifice», *La Presse*, 11 septembre 1931.

[251] *Ibid*.

# CHAPITRE V

# LE RETOUR À LA TERRE,
# LE RÔLE DE L'ÉTAT ET L'ÉGLISE

Antonin Dupont observa que le gouvernement Taschereau n'avait pas manifesté «un grand zèle envers la colonisation». «Plusieurs membres du Conseil des ministres favorisaient l'industrialisation du Québec et considéraient comme un palliatif le retour à la terre. Ils avaient confiance en la vocation industrielle du Québec et refusaient de croire à sa seule vocation agricole»[252].

Pour sa part, Jean Hamelin fit remarquer que le gouvernement Taschereau «n'arrivait pas à voir dans la colonisation un remède à la crise»[253]. C'est-à-dire que le gouvernement Taschereau n'a jamais vu dans la colonisation une solution globale à la crise, voire même comme une alternative essentielle. Par contre, on a fini par considérer la colonisation comme une solution partielle, et peu coûteuse, au problème du chômage.

La lecture des éditoriaux des trois quotidiens libéraux vient confirmer cette représentation de la colonisation. Pour *La Presse*, *Le Soleil* et *Le Canada*, la colonisation était avant tout un palliatif au chômage et non un projet mystique de réalisation d'une économie agricole opposée à l'industrialisation et l'urbanisation. La colonisation fut également décrite par la presse comme un excellent moyen d'ouvrir de nouvelles routes, de nouveaux chemins de fer, de développer de nouvelles régions minières et d'exploitation forestière.

---

[252] Dupont, Antonin, *Les relations entre l'Église et l'État sous Louis-Alexandre Taschereau 1920-1936*, Montréal, Guérin, 1973, 305.

[253] Voisine, Nive (dir.), *Histoire du catholicisme québécois. Le XX^e siècle. Tome I: 1898-1940*, Montréal, Boréal Express, 1984, 372.

Dans la presse libérale, même lors de commentaires sur la colonisation, l'idée d'industrialisation et de développement économique était
omniprésente. Ainsi, selon *La Presse*, «la colonisation [que l'on
préconisait], pourrait contribuer à la restauration économique de nos
réseaux ferroviaires»[254].

Rappelons que le Canadien Pacifique et le Canadien National
avaient mis sur pied un Service de colonisation et d'agriculture[255].
Rappelons également qu'au Canada anglais, tout autant sinon plus
que dans les milieux nationalistes du Québec, la colonisation était
vue non seulement comme une excellente solution au problème du
chômage en temps de crise, mais aussi, carrément, comme un élément
fondamental d'identification canadienne. En plus de consolider la
vocation agricole du Canada, complément indispensable à son industrialisation, elle constituait une pièce maîtresse du développement
économique canadien depuis la Politique nationale de MacDonald.
Les historiens Seager et Thompson, tout comme Carl Berger dans
*The Sens of Power*, ont montré comment l'attachement au sol et
l'agriculture étaient des dimensions importantes dans l'identité ca-
nadienne-anglaise[256]. Cela n'a pas été un hasard si l'Ouest et l'Ontario ont élu, après la Première Guerre mondiale et au cours des
années 1920, des gouvernements de Fermiers-Unis.

Cela dit, au Québec, dans la presse libérale et les milieux
gouvernementaux provinciaux, ce fut dans cet état d'esprit de trouver

---

[254] « Ce que peut la colonisation», *La Presse*, 21 août 1934.

[255] *Ibid.*, et «Œuvre colonisatrice», *La Presse*, 30 mars 1931. À plusieurs reprises dans son *Histoire de Montréal* (tome 4), et l'*Histoire de la
Province de Québec* (tomes 32-33), Robert Rumilly évoque le nom de
Eugène Laforce comme l'un des partisans les plus dévoués de la colonisation. Mais à ma connaissance, Rumilly n'a jamais précisé que ce Laforce
était le publiciste du Service de colonisation des chemins de fer du Canadien National.

[256] Thompson, John Herd et Allen Seager, *op. cit.*, Carl Berger, *The
Sense of Power*, Toronto, University of Toronto Press, 1970, 278 p. Voir
également: Ramsay Cook et R. C. Brown, *A Nation Transformed*, Toronto,
McClelland & Stewart, 1974, 83.

une solution à la crise et de freiner l'engorgement des villes que l'on accueillit, en 1932, le plan fédéral de colonisation, communément appelé le Plan Gordon[257]. Hantée, comme on l'a vu, par les problèmes budgétaires des différents paliers de gouvernement et par les dépenses pour l'aide aux chômeurs dans les villes, la presse libérale voyait d'un très bon œil la possibilité de faire travailler hors des villes des groupes de chômeurs. Ainsi, le Plan Gordon prévoyait qu'une somme de $600.00 serait dépensée pour soutenir chaque famille éligible au programme. Cette somme de $600.00 par famille devait être défrayée pour un tiers par chacun des niveaux de gouvernement. Les colons étaient triés sur le volet par un comité provincial de retour à la terre tel que prévu dans le sixième article du programme fédéral[258]. Parmi ces critères, notons que le candidat devait être bon père de famille et chômeur, être sous l'assistance publique et avoir une expérience agricole rudimentaire[259]. En principe, donc, le plan Gordon constituait un palliatif acceptable à la crise, mais la presse libérale critiqua les modalités d'application et l'inefficacité de la gestion fédérale. On s'en prit également aux insuffisances d'une politique qui ne s'appliquait pas aux fils de cultivateurs sans ressources.

Au niveau provincial, il fallut attendre jusqu'en mai 1935 avant que le gouvernement présente un plan comparable. Dans la *Loi pour promouvoir la colonisation et le retour à la terre*, plus connue sous le nom de Plan Vautrin, on chercha à combler les lacunes du plan fédéral en prévoyant une aide non seulement aux chômeurs des

---

[257] « Une œuvre nationale : la colonisation », *Le Canada*, 26 février 1932. « La colonisation et le chômage », *Le Canada*, 24 février 1932. « Notre problème de colonisation et la crise », *Le Canada*, 7 mai 1932. « La colonisation remède au chômage », *Le Soleil*, 12 avril 1932. « Le secours aux chômeurs », *La Presse*, 29 juillet 1933. « Œuvre colonisatrice », *La Presse*, 30 mars 1931.

[258] Pelletier-Vaillancourt, *op. cit.*, 249.

[259] « Le retour à la terre », *La Presse*, 27 juin 1932. « Le retour à la terre », *La Presse*, 13 juillet 1932. « Les chômeurs sur des terres », *La Presse*, 15 septembre 1932. « Le retour à la terre », *La Presse*, 16 septembre 1932. « Le retour à la terre », *La Presse*, 23 décembre 1932.

villes, mais aussi aux fils des cultivateurs qui se retrouvaient sans patrimoine et aux cultivateurs ruinés par la crise. Ce fameux plan a été discuté pendant plusieurs mois et fut bien accueilli par la presse libérale, même si le thème de la colonisation, comme tel, fut moins fréquemment abordé en 1935[260]. Le gouvernement provincial voulait consacrer 10 millions à la colonisation. Cette somme pouvait être dépensée de diverses manières : octrois aux sociétés de colonisation, aux aspirants-colons, aux colons débutants, prêts aux colons déjà établis, travaux publics dans les régions de colonisation, coût de transport des colons. En septembre 1935, 3,000 colons s'étaient établis dans de nouveaux territoires en vertu du Plan Vautrin. Pour *La Presse*, ce chiffre de 3,000 colons était suffisant car « la colonisation en masses profondes est une chimère qu'une administration intelligente ne pouvait pas accepter »[261].

Dans l'ensemble, la rhétorique mystique sur le retour à la terre a suscité peu d'enthousiasme dans les milieux libéraux. Seul Olivar Asselin a défendu la colonisation, sans jamais perdre de vue, cependant, les liens entre la colonisation, le chômage et l'industrialisation[262]. Ainsi, Asselin ouvrit la page éditoriale du *Canada* à un

---

[260] « La meilleure solution », *La Presse*, 30 juillet 1934. « Un excellent placement », *La Presse*, 13 juillet 1934. « Colonisation prévoyante », *La Presse*, 6 juillet 1934. « L'œuvre colonisatrice », *La Presse*, 23 octobre 1934. « Le plan Vautrin », *La Presse*, 18 octobre 1934.

[261] « Un été de colonisation », *La Presse*, 6 septembre 1935.

[262] « Le retour à la terre », *Le Canada*, 30 novembre 1932.
« Le retour à la terre », *Le Canada*, 15 avril 1933.
« La colonisation », *Le Canada*, 6 mai 1933.
Dès 1929, les liens entre la colonisation, l'industrie et le progrès, étaient clairement posés. L'extrait suivant le montre très bien, à propos du projet de construction d'une route vers l'Abitibi :
« C'est aussi la politique du gouvernement qui se continue agressivement vers le progrès, (...) quand il est démontré qu'elle, sera profitable à tous les points de vue, agriculture, commerce et tourisme.
« Cette route stimulera le commerce de la métropole vers l'Abitibi, elle assurera aux cultivateurs de cette régions un débouché vers Montréal ».
« Une route vers l'Abitibi », *Le Canada*, 24 décembre 1929.

*prêtre-colonisateur* qui a posé le problème de la colonisation en des termes très pragmatiques et d'une certaine façon très «modernes»:
«Dix mille familles de moins à Montréal, cela représente bien vingt mille ouvriers et ouvrières dans l'industrie, et par conséquent plus de travail pour ceux qui restent. Ces derniers, recevant davantage achètent davantage d'où un stimulant dans l'industrie et le commerce.

D'autre part, les dix mille familles demeurées rurales ou retournées au sol trouvant dans l'agriculture leur subsistance et un peu plus, constituent un autre *pouvoir d'achat* favorable à l'industrie et donc plus de travail et plus d'argent pour les ouvriers.

Cet exemple suffit à qui veut réfléchir pour démontrer la nécessité de rétablir l'équilibre entre l'élément urbain et l'élément rural.

C'est pourquoi il faut admettre que l'argent dépensé pour aider les chômeurs gagnerait à contribuer au mouvement de colonisation.

Bien dirigé, un mouvement de ce genre ne coûtera pas plus cher que de nourrir les chômeurs en ville au moyen de secours directs; il coûtera dix fois moins cher que les travaux de chômage. De plus, il est certain que le secours direct exerce une influence néfaste sur le moral des familles. Elles sont d'abord humiliées, puis finissent par prendre parti de leur humiliation, pour aboutir à la déchéance quand ce n'est pas à la révolte sociale»[263].

Par ailleurs, *La Presse* n'a jamais raté une occasion de situer dans son contexte nord-américain le «retour à la terre», ce qui illustre bien le fait que ce thème n'avait rien d'exclusivement québécois. Plusieurs articles furent également consacrés aux programmes des services de colonisation du Canadien National et du Canadien Pacifique[264]. En vertu des plans de colonisation fédéraux et provinciaux, les deux compagnies de chemin de fer offraient des tarifs spéciaux aux colons. Mieux encore, l'ouverture de certaines régions pouvait

---

[263] Bilodeau, Georges M. (ptre), «Notre problème de colonisation et la crise», *Le Canada*, 7 mai 1932.

[264] «Mouvement de retour», *La Presse*, 16 octobre 1930. «Nos arpents de neige», *La Presse*, 10 novembre 1930. «Intéressants concours», *La Presse*, 27 novembre 1930. «Les chômeurs colons», *La Presse*, 5 octobre 1933.

signifier la construction de nouveaux tronçons de chemins de fer. Au Canada, la colonisation et les chemins de fer ont toujours été très liés.

La Presse s'intéressa aussi vivement à la situation de la population rurale aux États-Unis. Selon un article du *Business Week* publié en 1932 et cité par *La Presse*, le «ralentissement des activités» avait eu comme effet positif de freiner l'exode rural aux États-Unis. Ce nouvel équilibre avait donné un répit aux villes américaines, nettement débordées. En 1931, toujours selon *Business Week*[265], 680,822 personnes, aux États-Unis, avaient migré des villes vers les campagnes contre 372,483 qui avaient quitté la ferme pour la ville, soit un surplus de 308,339 personnes en faveur du monde rural. Au total, en 1931, 27,430,000 Américains vivaient à la campagne, contre 27,107,661 en 1930. Même Henry Ford se mit à rêver à un plan d'établissement d'usines à la campagne «afin de permettre aux ouvriers de cultiver un potager sur un lopin de terre attenant à leur maison»[266].

Une autre forme de «colonisation» fut les camps de travail pour les jeunes chômeurs célibataires. Inadmissibles au secours, tout en étant incapables de vivre chez leurs parents, des milliers de jeunes gens en 1930 parcouraient les routes et les chemins de fer canadiens à la recherche de travail. Surnommés les «resquilleurs du rail»[267], ils étaient plus de 100,000 dans les seules provinces de l'Ouest. Dès 1931, l'Ontario et la Colombie-Britannique établirent leurs premiers camps de «secours» pour les jeunes gens. En 1932, le gouvernement fédéral ouvrait ses propres camps sous la férule du général Mc Naughton et du ministère de la Défense nationale. Des milliers de jeunes hommes célibataires furent ainsi concentrés dans des camps de travail situés loin des centres urbains et des foyers de propagande «communiste». Pour une semaine de six jours de travail, ces hommes

---

[265] «Le retour à la terre», *La Presse*, 26 septembre 1932. «L'envers de la médaille», *La Presse*, 11 mars 1931.

[266] «Les visions de M. Ford», *La Presse*, 24 novembre 1931. En 1934, Ford revint avec la même solution, selon laquelle il fallait dépeupler les villes. «M. Ford, la N.R.A. et le retour à la terre», *Le Canada*, 15 janvier 1934.

[267] Horn, Michiel, *op. cit.*, 13.

recevaient 20 sous par jour en plus du gîte, de la pension et des frais médicaux. Pour *La Presse*, c'était là un excellent moyen d'occuper la jeunesse «oisive»[268].

En principe et en pratique, on préférait faire travailler des gens plutôt que de voir les États payer des chômeurs à ne rien faire. Mais étant donné les problèmes budgétaires des différents palliers de gouvernement, les travaux publics, trop dispendieux, furent remplacés par les secours directs organisés sur une plus large échelle. Ces secours étant totalement débordés, surtout dans les villes, on en vint à la colonisation et aux camps de travail pour les jeunes célibataires comme solutions passagères et moins onéreuses. Il n'en reste pas moins qu'au Québec, la colonisation ne fut pas présentée dans la presse libérale comme une solution transcendante et privilégiée, mais bien comme une réponse pragmatique au problème du chômage. Selon Richard Jones, plus d'argent fut dépensé pour l'aide aux chômeurs entre 1932 et 1939[269] dans la province que défrayé pour la colonisation entre 1867 et 1939, ce qui montre bien que la colonisation n'était pas une priorité. Et même lorsque la colonisation a été acceptée, ce fut toujours en liaison avec les thèmes de progrès, d'industrialisation et, pendant la Crise de 1929, avec celui du chômage.

Entre 1929 et 1935, les hommes d'affaires et journalistes libéraux du Québec ont donc défendu l'idée d'une crise passagère et d'une reprise imminente de la prospérité des années 1920. L'une des conditions de cette reprise était l'assainissement des finances publiques que les milieux bancaires réclamaient. Sur ce point, *Le Soleil*, *Le Canada* et *La Presse* se sont faits avant tout les porte-parole de ces milieux et ont surveillé à la loupe les dépenses consacrées par les différents paliers de gouvernement à l'aide aux chômeurs. D'où un certain intérêt pour les programmes de colonisation et les camps de travail qui étaient moins dispendieux que le secours direct ou les

---

268 «Les jeunes», *La Presse*, 24 septen]re 1934. «Le sort des jeunes», *La Presse*, 25 septembre 1935. «La jeunesse qui chôme», *La Presse*, 13 mars 1935.

269 Jones, Richard, *op. cit.*, 422.

travaux publics. Et outre la participation politique, qui était de toute façon la raison d'être du *Canada* et du *Soleil*, la presse libérale francophone a appuyé le gouvernement Taschereau parce que ce gouvernement a justement eu une approche très orthodoxe face aux questions budgétaires et à l'aide sociale. Bennett et Houde furent critiqués, non seulement parce qu'ils étaient des opposants politiques, mais aussi, et peut-être surtout, parce que l'on jugeait leurs approches budgétaires peu conformes à la règle sacrée de l'équilibre et du budget excédentaire. Tout cela posait le problème, fondamental, du rôle de l'État, lequel fit l'objet de nombreux éditoriaux dans *Le Canada*, *Le Soleil* et *La Presse*.

## LE RÔLE DE L'ÉTAT

Ce long passage, tiré du *Soleil* de 1930, résume parfaitement l'idée que l'on avait dans les milieux libéraux québécois de l'État-Providence:

«L'État-mère, l'État-père, l'État-Dieu est destiné, dans la conception que l'on s'en fait, à remplacer toute initiative privée, à se substituer à l'action des individus et à agir pour eux. On veut supprimer les causes naturelles, parce qu'on les trouve trop lentes ou qu'on les ignore, et faire intervenir, en leur lieu, l'État-Providence, qui pensera et agira à la place des individus.

Malheureusement, cette conception brillante, cette solution commode, comme toutes les solutions hâtives, relève d'une idéologie fantaisiste et non pas d'une théorie basée sur la contemplation raisonnée des faits. Elle est née de cette idéologie à la Rousseau, qui a pénétré le monde avec la Révolution française. Elle s'est développée comme en serre chaude, dans l'humus favorable à l'éclosion des idées de ce genre, du démocratisme.

Le démocratisme, pratiqué à outrance de nos jours, a causé une déviation dans l'appréciation des éléments de la vie économique. (...)

Non, l'État n'est pas le maître tout-puissant de la prospérité d'une population. Il peut diriger et canaliser les phénomènes de la vie économique, intervenir plus ou moins médiatement pour en provoquer la manifestation dans un sens favorable au pays; mais c'est des forces vives de la nation elle-même que naîtront le bien-être, la richesse et la prospérité. Avant d'invoquer le patronage de l'État, voyons ce qu'il est possible de faire indépendamment de lui, et surtout n'en faisons pas la Providence de tous nos actes »[270].

La méfiance vis-à-vis de l'État-Providence du *Soleil* était partagée par *La Presse* et *Le Canada*. Pour le quotidien de la rue St-Jacques, la province de Québec manifestait beaucoup de sagesse,

> « en résistant à la tendance de faire intervenir l'État partout et en tout temps. (...) Le gouvernement, embrassant moins, pourra mieux s'acquitter de ses devoirs et il coûtera moins cher aux contribuables, tandis que l'initiative particulière pourra s'exercer sans entraves inutiles et favoriser ainsi le progrès »[271].

Car pour *La Presse*, *Le Soleil* et *Le Canada*, le véritable « progrès » était d'appliquer « les principes libéraux de Richard Cobden »[272]. Être « moderne », c'était se livrer à une défense inconditionnelle de l'entreprise privée[273]. Dans *Le Canada*, Edmond Turcotte précisa que l'État avait pour attribution de « stimuler les échanges à l'intérieur et avec l'étranger », et de veiller à ce que « l'engrenage économique ne broie personne injustement ». Mais il y avait une grande différence, selon Turcotte, entre ces tâches et

> « le règne d'une bureaucratie donnant des ordres aux producteurs et aux hommes d'affaires (...) au sujet de ce qu'ils doivent produire et de ce qu'ils ont le droit de vendre, où, quand et comment. (...) Que ce soit une leçon pour les hommes d'affaires du Canada qui ne craignent pas d'introduire l'État dans leur maison, ne se doutant pas que ce fort obligeant domestique a tout ce qu'il faut pour devenir avant longtemps le maître »[274].

---

[270] « L'Etat-Providence », *Le Soleil*, 12 février 1930.

[271] « Socialisme d'État », *La Presse*, 21 février 1934.

[272] « Le rôle de l'Etat », *La Presse*, 20 décembre 1934. Richard Cobden (1804-1865): manufacturier d'origine écossaise. À partir de 1838, il a été le plus acharné des défenseurs du libre-échange. En 1840, il fut le principal animateur de l'Anti-Corn Laws League qui obtint, en 1846, l'abolition des lois protectionnistes par le ministère Peel.

[273] « Les interventions dangereuses de l'Etat », *Le Soleil*, 24 février 1934.

[274] « L'État est un domestique obligeant mais dangereux », *Le Canada*, 28 mai 1934.

Pour *La Presse*, l'intervention de l'État ne devait surtout pas
«tuer la liberté individuelle»[275]. Point de vue partagé en 1935 par
Pierre Simon, qui, dans *Le Canada*, se méfiait du «danger» de voir
le gouvernement central se substituer «aux pouvoirs locaux et
agences personnelles»[276].

> «Au point de vue économique, il y a également danger de gêner
> l'initiative privée;et les lois de la compétition si celle-ci est conve-
> nablement contrôlée, sont nécessaires au succès et à l'expansion
> commerciale»[277].

Compte tenu de ces principes, le «New Deal» de Roosevelt
fut plus ou moins bien accueilli par la presse libérale francophone du
Québec.

### LE «NEW DEAL» DE ROOSEVELT

Rappelons encore une fois les grandes lignes du «New Deal».
Le premier «New Deal», qui fut présenté de mars à juin 1933, a été
plus conservateur que le second, celui de 1935, qui était plus élaboré
sur le plan des réformes sociales[278]. En 1934, quatre millions de
personnes travaillaient dans des projets de travaux publics gérés par
la «Civil Workers Administration». Un an plus tard, la C.W.A. fut
remplacée par la «Workers Progress Administration» (W.P.A.), qui
au lieu de faire travailler des chômeurs dans des projets d'une utilité
parfois douteuse et à des salaires très inférieurs aux salaires moyens,

---

[275] «Mon amie dirigée», *La Presse*; 14 mai 1934.

[276] «Une formule libérale», *Le Soleil*, 15 juin 1935.

[277] *Ibid.*

[278] Artaud, Denise et André Kaspi, *Histoire des États-Unis*, Paris,
Armand Colin, 1977, 256. Dupeux, Georges, «La résistance des sociétés
libérales», dans Pierre Léon (dir.), *Histoire économioue et sociale du
monde. Guerres et crises: 1914-1947*. Paris, Armand Colin, 1977, 3 : 371
En fait, plusieurs auteurs sont persuadés que Roosevelt n'a jamais suivi de
doctrine économique ferme. Ils donnent comme preuve le budget de 1937
qui ramenait le seuil des dépenses à un niveau inférieur à celui de 1936.
Cette politique «déflationniste» de Roosevelt aurait été l'un des principaux
facteurs de la récession de 1937.

versa des «salaires de sécurité» plus élevés à des chômeurs œuvrant dans des programmes de travaux publics mieux structurés.

L'avènement de la W.P.A. fit donc partie du second «New Deal», lequel, nous l'avons déjà souligné, était plus «social» que le premier. Ce deuxième train de réformes fut nécessaire étant donné l'invalidation par la Cour Suprême, en 1935, du N.I.R.A. Pour contrer cette décision, l'administration Roosevelt adopta la loi Wagner («National Labor Relation Act») en juillet 1935. Cette loi reconnaissant le droit syndical et le droit aux associations ouvrières de négocier des contrats collectifs. Mais, surtout, le second «New Deal» lança les États-Unis dans la voie du «Welfare State» par le «Social Security Act» du 15 août 1935. Cette loi instituait un système national d'assurance-vieillesse et d'assurance-chômage[279]. Dans le premier cas, une contribution de 2% sur les salaires, payée moitié-moitié par les employeurs et les salariés, permettait une allocation mensuelle de $15.00 aux travailleurs âgés de plus de 65 ans. Dans le second cas, la contribution de 3% sur les salaires était payée par les employeurs et gérée par les États[280]. À noter que ce système de sécurité sociale excluait les fonctionnaires, le personnel domestique et les salariés agricoles, trois catégories de travail où les Noirs étaient massivement présents[281].

En somme, bien que le «New Deal», première et deuxième manière, posa les bases d'une intervention économique accrue et de la sécurité sociale, on était loin encore du «Welfare State» comme tel[282]. Par ailleurs, la solution keynésienne du «deficit spending» connut une sorte d'antécédent avec les programmes de travaux publics de 1935, consciemment déficitaires. Mais nous avons vu que Roosevelt revint en 1937 à un budget équilibré.

---

[279] *Ibid.*

[280] *Ibid.*

[281] *Ibid.*

[282] Finegold, Kenneth et Theda Skocpol, «State, Party and Industry. From Business Recovery to the Wagner Act in American New Deal», dans Charles Bright et Susan Harding (ed.), *Statemaking and Social Movements, Essays in History and Theory*. Ann Arbor, University of Michigan Press, 1984, 159-92.

Comment réagit en éditorial la presse libérale d'ici à la situation américaine? Avec ambiguïté. Cela n'est guère surprenant puisque le «New Deal» était ambivalent. Il faut d'abord souligner que par rapport au problème du rôle de l'État, le «New Deal» intéressa vivement les commentateurs de la presse libérale. Et il faut aussi souligner que les éditorialistes étaient d'autant plus incertains qu'ils étaient fascinés par la personnalité de Roosevelt. D'une part, on condamnait le programme comme tel et le rôle prépondérant de l'État. D'autre part, on louait le charisme de Roosevelt. Et, surtout, on n'avait pas oublié sa plate-forme électorale de 1932.

Aussi, le discours d'assermentation de Roosevelt, le 5 mars 1933, fut commenté très positivement. Comment *La Presse* aurait-elle pu être en désaccord avec un président qui promettait d'agir «immédiatement», notamment «en mettant un frein aux menées des agioteurs qui spéculaient avec l'argent des autres» et en réduisant «les dépenses administratives non seulement sur la scène fédérale mais aussi dans le domaine particulier des États de l'Union et des municipalités»[283]? Évidemment, *La Presse* était moins positive sur le projet de mettre de l'ordre dans les banques, mais elle préférait attendre avant de juger négativement. Quelques mois plus tard, la politique de fixation des prix à des niveaux élevés suscita un éditorial sceptique de la part d'Edmond Turcotte[284].

L'année suivante, les résultats du «New Deal» provoquèrent de nombreux commentaires. *Le Soleil* fut mitigé:

> «Après douze mois d'expérience, le plan Roosevelt n'a connu aucun insuccès réel. Même si le système est faux, il a eu pour résultat de ramener la confiance, et comme la confiance est souvent à l'origine des crises, elle peut être aussi à l'origine des relèvements économiques»[285].

Toujours selon *Le Soleil*, «une mauvaise décision valait souvent mieux qu'une indécision»[286]. Pour *La Presse*, il était encore

---

[283] «M. Roosevelt à l'œuvre», *La Presse*, 6 mars 1933.
[284] «Achetez... si vous le pouvez», *Le Canada*, 3 novembre 1933.
[285] «Un an de régime Roosevelt», *Le Soleil*, 6 mars 1934.
[286] *Ibid.*

trop tôt pour juger globalement l'expérience Roosevelt car la «tâche principale» qui incombait au gouvernement américain était «l'équilibre du budget»[287]. Or les États-Unis espéraient «boucler leur budget en 1936»[288]. En mai 1934, cependant, *Le Soleil* fut beaucoup plus critique. Commentant le rapport de la Commission Darrow sur la W.P.A., *Le Soleil* observa «que le régime de la concurrence(...) vaut mieux qu'une direction étatiste»[289]. De plus:

> «Après un an, il devrait être possible de constater au moins quelque chose. Or, si l'on fait état de l'accroissement de la dette publique, depuis la mise en marche du système Roosevelt, il y a lieu de craindre l'issue de l'expérience audacieuse tentée aux États-Unis en marge des systèmes accoutumés pour anéantir la crise»[290].

Même commentaire en 1935, lorsque Roosevelt, en guise de réponse aux décisions de la Cour Suprême, lança son second «New Deal». Dans *La Presse*, *Le Soleil* et *Le Canada*, on craignait que ce train de réformes alourdisse la dette de l'État fédéral. D'autant plus que les indices de reprise en 1935 rendaient moins urgente l'intervention de l'État pour relancer la confiance[291]. Par contre, l'on accueillit favorablement l'idée d'un régime d'allocations de chômage géré par les États de l'Union. Cela permettait de garder, selon les journaux libéraux, le caractère local et privé de l'aide aux chômeurs.

Dans l'ensemble, les réformes de Roosevelt en 1933 furent reçues avec modération. Le premier «New Deal» portant les stigmates, si l'on peut dire, des approches traditionnelles, la presse libérale souligna surtout, en 1933-34, les aspects jugés positifs de l'intervention pour relancer la «confiance». Mais lorsque les aspects plus sociaux et «dirigistes» furent confirmés par le second «New Deal», aggravant ainsi le problème budgétaire, les commentateurs prirent leur distance. Sur la scène fédérale canadienne, le premier

---

[287] «L'expérience Roosevelt», *La Presse*, 9 mars 1934.

[288] *Ibid.*

[289] «Les Etats-Unis sous la W.R.A.», *Le Soleil*, 26 mai 1934.

[290] «L'expérience Roosevelt», *Le Soleil*, 5 mai 1934.

[291] «A recommencer par le commencement», *Le Soleil*, 29 mai 1935. «Le nivellement social par l'impôt», *Le Soleil*, 29 juin 1935.

ministre Bennett eut droit, pour sa part, à un traitement beaucoup plus agressif.

## LE « NEW DEAL » CANADIEN

On a qualifié Bennett de tous les noms. On l'a accablé de tous les vices. Avant même qu'il ait annoncé, à la radio, son programme, au début de janvier 1935, *La Presse* l'attaqua :

> «le très honorable R. B. Bennett a laissé entendre que, forcé par les circonstances, le gouvernement canadien devra de plus en plus s'immiscer dans les activités économiques du pays afin de suppléer à l'insuffisance des initiatives particulières et de favoriser le retour à la prospérité». Le premier ministre veut sans doute parler de mesures d'urgence auxquelles l'État aura recours strictement pour la période où elles seront nécessaires. Autrement, notre jeune pays s'acheminera vers la dictature, contrairement aux désirs de l'immense majorité de notre population»[292].

Malheureusement pour *La Presse*, Bennett ne présenta pas de mesures temporaires. Fasciné par la popularité de Roosevelt aux États-Unis et conseillé par son beau-frère M. Herridge, ambassadeur canadien à Washington, Bennett présenta, une première fois dans un discours à la radio, puis à la Chambre des Communes en janvier 1935, un «New Deal» canadien. D'où la vive réaction de la presse libérale[293] qui considérait ce plan comme antisocial parce que la «société canadienne reposait sur la propriété privée»[294].

Mais que proposait donc Bennett pour susciter pareille levée de boucliers ? D'abord, le premier ministre canadien justifia à la radio

---

[292] « Le rôle de l'État », *La Presse*, 20 décembre 1934.

[293] «La menace à la Constitution», *Le Soleil*, 8 janvier 1935. «R. B. Bennett, émule d'Hitler», *Le Soleil*, 10 janvier 1935. «La pêche des votes à la dynamite», *Le Soleil*, 11 janvier 1935. «Les efforts de M. Bennett et les promesses de 1930», *Le Canada*, 11 janvier 1930. «Où prendra-t-il l'argent?», *Le Canada*, 17 janvier 1935. «Le discours du Trône», *Le Canada*, 12 janvier 1935. «L'attitude de M. King», *La Presse*, 22 janvier 1935. «Pourquoi le gouvernement fédéral est si pressé», 26 février 1935.

[294] «Politique antisociale», *Le Soleil*, 5 octobre 1935.

son changement de politique en proclamant son nouvel attachement au réformisme. «Je suis pour la réforme. Dans ma pensée la réforme signifie l'intervention du gouvernement. Elle signifie la réglementation et le contrôle par le gouvernement. Elle signifie la fin du laisser-faire»[295]. Après cette profession de foi, Bennett communiqua son intention de fixer un salaire minimum; de remplacer les programmes de secours direct et de travaux publics pour les chômeurs par un véritable plan d'assurance-chômage; de légiférer sur le travail des femmes et des enfants et de règlementer les heures de travail; de modifier la loi des pensions de vieillesse et d'en centraliser l'administration; d'instituer l'assurance-maladie; de modifier le régime fiscal de façon à corriger les inégalités; de créer un conseil économique national et un ministère des communications.

De janvier à juillet 1935, cinq lois furent votées qui constituaient une application partielle de ce plan: la loi sur l'assurance-chômage; la loi sur les salaires minima; la loi sur la limitation des heures de travail; la loi sur le repos hebdomadaire; la loi sur la concurrence ruineuse. La première, évidemment, fut très importante puisqu'elle posait le principe d'une assurance sociale financée par des cotisations payées par les employés et les employeurs. Il faut cependant préciser qu'elle s'appliquait à certaines catégories de travailleurs qui regroupaient 50% de la main-d'œuvre, alors que le plan d'assurance-chômage de Roosevelt touchait environ le tiers des travailleurs américains.

Les journaux libéraux s'opposèrent globalement à toutes ces mesures. Ainsi, l'opposition au «New Deal» de Bennett n'était pas seulement une question de partisanerie mesquine, mais plus profondément une différence d'approche face aux problèmes économiques et sociaux. Les milieux d'affaires, dont le point de vue était représenté par *La Presse*, *Le Soleil* et *Le Canada*, ne voulaient pas d'une économie mixte où l'État puisse jouer un rôle important. Et les partis libéraux, fédéral et provincial, étaient attachés à ces principes. On ne doit pas oublier qu'en 1935, lorsqu'il reprit le pouvoir, King s'empressa de liquider le «New Deal» de Bennett. Ce ne fut qu'à partir

---

[295] «Une politique canadienne», *l'Actualité économique*, janvier 1935, 558-59.

de 1937-38 que le chef libéral dut se rendre à l'évidence et abandonner ses principes d'orthodoxie libérale.

Dans son livre sur Taschereau, Bernard Vigod écrit que le premier ministre québécois était plus près de Bennett que de King, en 1935, sur les questions sociales. Il est possible que Taschereau ait été moins indifférent que King. En 1935, Taschereau s'était d'ailleurs publiquement déclaré, comme on l'a vu, en faveur d'une aide aux municipalités, ce qui le rapprocha également de Houde. Il n'en demeure pas moins que son gouvernement, surtout sur la question budgétaire, a eu une approche très conservatrice jusqu'en 1934, voire 1935[296].

## LE LIBRE-ÉCHANGE

Pour la presse libérale francophone, toute entrave au commerce était un obstacle au fonctionnement naturel des lois économiques. Ces trois journaux libéraux ont donc logiquement défendu le libre-échange. D'autant plus que le Canada était un pays exportateur.

En effet, en 1929, les exportations constituaient un peu plus du quart du produit national brut[297]. Or, en 1930, les États-Unis adoptèrent le tarif Smoot-Hawley, qui prévoyait des hausses substantielles des tarifs douaniers. Les Américains cherchaient ainsi à protéger leur marché intérieur qui était vulnérable étant donné la position du dollar par rapport aux monnaies étrangères plus faibles. En juillet 1930, le gouvernement Bennett imposa un relèvement des droits de douane en représailles des mesures prises par le gouvernement Hoover. La même année, le commerce extérieur fut à l'ordre du jour de la Conférence impériale de Londres, de même qu'à la Conférence impériale de 1932 tenue à Ottawa. Cette deuxième conférence fut suivie par l'adoption de tarifs préférentiels entre les membres du Commonwealth dirigés contre les États-Unis. L'Angleterre et Bennett, qui avaient proposé cette solution à la Conférence impé-

---

[296] Voir Strutthers, James, *op. cit.*, Thompson, John Herd et Allen Seager, *op. cit.* et Vigod, Bernard, *op. cit.*
[297] Merrill Denison, *op. cit.*, 375.

riale de 1930, cherchaient à créer une zone économique et monétaire contre le protectionnisme américain. Cependant, Bennett ne put s'entendre avec la délégation anglaise dirigée par Stanley Baldwin. Aucune entente globale ne fut signée; seuls quelques produits furent couverts par des accords arrachés à la dernière minute[298]. Dans l'intervalle, le commerce extérieur canadien avait chuté de 50% entre 1930 et 1932.

Au fil des ans, *Le Soleil* et *Le Canada* manifestèrent sans défaillir leur opposition au protectionnisme et aux représailles contre les États-Unis[299]. Défenseurs d'une approche continentale de l'économie, les éditorialistes de ces deux journaux n'ont pas cru non plus aux avantages d'une zone impériale de libre-échange, surtout si elle était tournée contre les États-Unis[300]. Le Canada devait montrer l'exemple et espérer que le gouvernement américain abolisse le tarif

---

[298] J.H. Thompson et Allan Seager, *op. cit.*, 221.

[299] «Splendide mais utopique», *Le Soleil*, 29 novembre 1929.
«Prémisse erronée, le raisonnement croule», *Le Soleil*, 9 décembre 1929.
«Donquichottisme», *Le Soleil*, 17 décembre 1929.
«La grande leçon du tarif», *Le Soleil*, 19 avril 1930.
«Protectionnisme et mouvements de prix», *Le Soleil*, 26 mars 1931.
«Les contradictions du protectionnisme», *Le Soleil*, 7 mai 1931.
«Protectionnisme et vie chère», *Le Soleil*, 8 mai 1931.
«La ruine de notre commerce par le tarif», *Le Soleil*, 9 mai 1931.
«La protection augmente, l'industrie diminue», *Le Soleil*, 18 juin 1931.
«Le cercle vicieux de la protection», *Le Soleil*, 7 juillet 1932.
«Ce qu'on dit de la Conférence d'Ottawa», *Le Soleil*, 25 juin 1932.
«En Angleterre protectionniste», *Le Soleil*, 14 mai 1934.
«Pour enrayer le protectionniste», *Le Soleil*, 8 septembre 1934.
«L'Ouest anti-protectionniste», *Le Soleil*, 24 septembre 1934.
«Les systèmes économiques étanches», *Le Soleil*, 24 octobre 1934.
«Le cercle vicieux du protectionnisme», *Le Canada*, 16 mai 1933.
«Les vaches grasses du protectionnisme», *Le Canada*, 6 août 1932.
«La libération de notre commerce», *Le Canada*, 4 décembre 1934.

[300] «Ce que nous vaudra la préférence britannique», *Le Soleil*, 8 mai 1930. «Le commerce interimpérial», *Le Soleil*, 22 février 1930. «Londres et le respect des contrats», *Le Canada*, 2 août 1933. «Le Canada entre le marteau et l'enclume», *Le Canada*, 13 février 1933.

Smoot-Hawley. Aussi, lorsque Roosevelt fit part de son intention, à partir de 1933, de conclure un nouveau traité de réciprocité avec le Canada, Edmond Turcotte et Pierre Simon exprimèrent leur satisfaction[301].

Quant à *La Presse*, elle regretta vivement l'escalade protectionniste de 1930[302] et réclama une trêve pouvant conduire à de nouveaux accords[303]. Par contre, le journal de Pamphile Du Tremblay n'afficha point d'hostilité au projet d'une union impériale commerciale. *La Presse* voyait en fait dans cette initiative une autre excellente occasion d'élargir les échanges commerciaux du Canada[304].

## L'ÉGLISE

Enfin, le problème de l'Église. En 1932, il y avait 4,098,546 catholiques au Canada, dont 2,458,283 au Québec. Il ne fait aucun doute que les journaux libéraux que nous avons étudiés se réclamaient de cette communauté. Si ces journaux ont pu être considérés comme «libéraux», ce n'est certainement pas au sens d'un libéralisme anticlérical. Ainsi, *Le Soleil*, *Le Canada* et *La Presse* ont-ils à maintes reprises en éditorial témoigné de leur foi et de leur adhésion au catholicisme, de même que leur profond respect pour la hiérarchie

---

[301] «Les États-Unis évoluent», *Le Canada*, 20 décenbre 1933. «La réciprocité de l'avenir», *Le Canada*, 6 mars 1934. Pierre Simon, «Il faut un changement radical du tarif», *Le Canada*, 25 octobre 1934. «M. Roosevelt attend M. King», *Le Canada*, 6 août 1934. «L'évolution nécessaire», *Le Canada*, 14 mars 1934.

[302] «Clôture de la frontière», *La Presse*, 26 novembre 1930. «La meilleure protection», *La Presse*, 30 mars 1931. «États-Unis et Canada», *La Presse*, 17 novembre 1931.

[303] «Comité Canada-Américain», *La Presse*, 7 novembre 1932.

[304] «L'Union impériale», *La Presse*, 30 juillet 1932. «Commerce impérial», *La Presse*, 27 août 1931. «Comité économique impérial», *La Presse*, 21 décembre 1932.

religieuse[305]. Le lecteur pourra lui-même juger, ne serait-ce que par les titres de plusieurs éditoriaux très représentatifs.

Cela dit, on aurait tort cependant de conclure à la totale soumission de ces journaux à la hiérarchie religieuse, au sens où les libéraux canadiens-français auraient accepté le principe d'un état religieux, voire théocratique, et une vision de la société réfractaire au libéralisme ou du moins fortement attachée à un ordre social abusivement qualifié d'Ancien Régime. La réalité qui se dégage après la lecture des éditoriaux de *La Presse*, du *Soleil* et du *Canada* est plus complexe.

Dans son étude sur Taschereau, Bernard Vigod a très bien compris que ce premier ministre du Québec se percevait à la fois comme un fervent catholique et un administrateur de la sphère publique qui relevait de la compétence des civils. L'acceptation de l'Église comme leader moral et son rôle dans certains domaines des affaires sociales n'ont jamais signifié pour Taschereau et les libéraux en général l'adhésion à des principes ultramontains. Pour Taschereau, l'Église assurait avant tout l'ordre moral et il fut horrifié par la rébellion et l'opposition agressive de quelques membres de l'Église face à son gouvernement[306]. De même, la presse libérale, en parti-

---

[305] « Le catholicisme au Canada », *Le Soleil*, 6 août 1932.
«Congrès eucharistique américain», *La Presse*, 28 septembre 1935.
«Tricentenaire sulpicien», *La Presse*, 20 mai 1933.
«Centenaire bénédictin», *La Presse*, 3 août 1933.
«L'Inmaculée Conception», *Le Soleil*, 7 décembre 1931.
«L'heure catholique», *Le Soleil*, 8 octobre 1931.
«Jésus de Bethléem», *La Presse*, 24 décembre 1934.
«La Communion des Saints», *Le Soleil*, 21 novembre 1929.
«Mgr Desmarais», *La Presse*, 22 avril 1931.
«Mgr Bruchési», *La Presse*, 28 octobre 1932.
«Mgr Villeneuve», *La Presse*, 13 février 1933.
«Mgr O.E. Mathieu», *La Presse*, 28 octobre 1929.
«Un grand cardinal», *Le Soleil*, 1er mars 1930.
«Le sacre de Mgr Morin», *La Presse*, 19 avril 1934.
«Pie XI et l'année sainte», *Le Soleil*, 3 avril 1933.
«Rome et la Cité Vaticane», *Le Soleil*, 25 juin 1931.
«Le Pape à la radio», *La Presse*, 12 janvier 1931.
[306] Bernard Vigod, *op. cit.*, 250.

culier *Le Canada*, a-t-elle attaqué certains membres de l'Église qui auraient voulu soumettre l'État à l'Église. Les cibles préférées furent Eugène L'Heureux de *l'Action Catholique* et le curé Lavergne de Notre-Dame-de-Grâce à Québec qualifiés tour à tour de «mange-capitaliste» et de champion «de la guerre démagogique de tous les jours contre les capitalistes»[307]. Car dans cette critique de l'État entendue dans certains milieux cléricaux des années 1920 et 1930, on retrouvait en fait une critique du capitalisme, plus particulièrement du capitalisme monopolistique, que la presse libérale n'a jamais endossée[308].

Par ailleurs, le Québec n'a pas été le seul endroit en Amérique du Nord où des religieux, au cours des années 1920 et 1930, partirent en guerre à la fois contre les monopoles et contre le «socialisme». Citons, à titre d'exemple, le cas de William Aberhart en Alberta. Aux États-Unis, le phénomène fut encore plus important avec son cortège de prêcheurs évangélistes et même catholiques. Un de ceux-là, le père Coughlin, de Détroit, fut sévèrement critiqué par *Le Canada* qui profita de l'occasion pour vilipender les prêtres qui s'intéressaient au domaine temporel.

«Le christianisme d'origine divine, est une principe d'ordre essentiellement spirituel. Il doit toujours demeurer bien haut au-dessus des contingences matérielles de la politique d'un parti, d'un pays, d'une génération ou d'une époque. Au clergé de tous les cultes chrétiens il incombe, comme le dit le Cardinal O'Connell (évêque de Boston), de lutter sans cesse contre le démon qui est en l'homme et de rappeler les grands principes de morale et d'éternelle vérité du christianisme - mais aux *hommes politiques chrétiens, il appartient seul d'appliquer ces principes au meilleur de leurs lumières*, qui sont généralement plus étendues que celles du clergé dans le domaine temporel qui leur est propre, et dans la responsabilité de leur conscience, qui n'est pas forcément moins scrupuleuse que celle du prêtre-politicien. Aucun prêtre, dit encore le cardinal-archevêque de Boston, n'a le droit de parler pour l'Église ni d'engager l'Église à une politique particulière (...). On croirait en vérité que Son Émi-

---

[307] «La dangereuse comédie du castor-socialisme», *Le Canada*, 6 juin 1935.
[308] *Ibid*.

nence, en parlant de l'abbé Coughlin, visait en même temps quelques prêtres-politiciens de la province de Québec, lesquels, pour être sans doute moins violents de langage, se mêlent cependant sans vergogne, par la plume et par la parole, à la radio ou dans des réunions publiques, de questions essentiellement politiques telles que l'assurance-chômage et l'étatisation des services d'utilité publique et vont, jusqu'à inspirer, dans la coulisse, au nom du "primat" qui n'a certes rien d'ecclésiastique, des campagnes comme celle de *l'Action Catholique* et du *Droit* en faveur du *corporatisme, régime politico-social qui porte en soi la destruction ou la négation même de l'État, tel que politiquement constitué au Canada, aussi bien dans l'ordre confédératif que dans l'ordre provincial*»[309].

Là est toute la question. Pour les journalistes libéraux, les enseignements de l'Église cautionnent le libéralisme, du moins tel que défini par eux, c'est-à-dire un ordre social dont le fondement est la propriété privée. Ainsi, toute interprétation des encycliques *Quadragesimo anno* de Pie XI et *Rerum Novarum* de Léon XIII tendant à remplacer le régime capitaliste par un ordre social corporatiste fut décrite comme fallacieuse. En fait, selon Olivar Asselin, ces interprétations survenaient «à une époque où il est de mode de dénoncer tout capitalisme sans distinction et d'agiter les encycliques *Rerum Novarum* et *Quadragesimo Anno* comme des étendards de révolution»[310]. Or, seuls quelques abus du capitalisme étaient en cause, par exemple la frénésie de la spéculation, et les cas d'étatisation devaient être envisagés avec «prudence» et comme des «exceptions»[311]. Les éditorialistes des trois journaux insistaient sur la caution au régime de la propriété privée apportée par le document de Pie XI[312]. C'est

---

[309] «Les prêtres-politiciens», *Le Canada*, 12 décembre 1934.
[310] «Le sens des encycliques», *Le Canada*, 26 septembre 1932.
[311] «L'encyclique *Quadragesimo Anno*», Le soleil, 29 décembre 1934.
[312] «La vraie solution», *La Presse*, 26 mai 1931.
«O Quadragesimo», *Le Canada*, 12 janvier 1934.
«Une excuse pour nos gouvernants», *Le Canada*, 30 janvier 1934.
«Autour de *Quadragesimo Anno*», *Le Canada*, 19 janvier 1934.
«Les travailleurs sociaux et leurs encycliques», *Le Canada*, 20, 21, 22 décembre 1933.
«Sur un article de l'Action Catholique», *Le Canada*. 22 décembre 1933.
«Le fameux primat», *Le Canada*, 27 novembre 1934.

ce qui amena Olivar Asselin à fustiger comme «partisanes» les références à *Quadragesimo Anno* qui conduisaient à une critique des «trusts» et des libéraux[313]. Quant à *La Presse*, citant le cardinal Villeneuve, elle voyait le salut dans «le capitalisme le plus conforme aux aspirations humaines et le plus propre au bien-être et au progrès économique des peuples»[314].

Or, pour Olivar Asselin, ce capitalisme «plus humain» n'était pas vraiment l'objectif poursuivi dans les programmes de restauration sociale de l'École Sociale Populaire. Selon le rédacteur en chef du *Canada*, ces programmes n'étaient rien d'autre «qu'une plate-forme» électorale pour les «bleus» qui avaient toujours eu «un penchant pour l'État»[315]. De plus, «inspirés par les Jésuites», ces programmes ne présentaient pas nécessairement le point de vue de l'ensemble du clergé. Ainsi, dans un autre article, Asselin a montré qu'en effet l'Église au Québec n'avait eu aucune hésitation à acquérir plus de 40,000 actions de la «Montreal Light, Heat and Power», de la «Shawinigan Water» et de la «Québec Power»[316]. En somme, le programme de reconstruction de la société inspiré par le corporatisme et prévoyant certaines étatisations ne trouva guère d'écho favorable dans la presse libérale et suscita même la critique acerbe d'un journal comme *Le Canada*.

Sur cette question, comme sur les précédentes, nous n'avons pas à donner raison ou tort aux journalistes de la presse libérale. Retenons cependant que la presse et les membres des élites francophones au Québec dans les années 1930 n'ont pas unanimement opté pour des solutions corporatistes ni interprété de la même façon *Quadragesimo Anno*.

---

[313] «Au nom de *Quadragesimo Anno*», *Le Canada*, 3 décembre 1933.
[314] «La réforme du capitalisme», *La Presse*, 16 mai 1933.
[315] «Sur un programme de restauration sociale», *Le Canada*, 21 novembre 1933.
[316] «Trust tards et trustards», *Le Canada*, 29 janvier 1934.

# CHAPITRE VI

## DE LA CRISE À LA RÉVOLUTION TRANQUILLE

Comme on l'a déjà vu dans le premier chapitre, la Crise des années 1930 fut le dernier épisode de la période du capitalisme industriel. La Seconde Guerre mondiale ouvrit une nouvelle ère dans l'histoire occidentale par l'avènement du capitalisme dominé par une socio-économie de l'information, de la communication, des services et de la consommation de masse.

Entre 1860 et 1940, Montréal avait été le centre financier et industriel du Canada. Ce ne sera plus le cas après la Seconde Guerre mondiale. Toronto s'imposa au point de devenir la véritable métropole canadienne. Au Québec, entre 1939 et 1944, eut lieu « la première révolution tranquille ». Le gouvernement libéral alors dirigé par Adélard Godbout créa l'Hydro-Québec, fit adopter la loi de l'instruction obligatoire et accorda le droit de vote aux femmes. Puis vint le terrible accident de parcours. Avec seulement 35% des suffrages exprimés, Maurice Le Noblet Duplessis prit le pouvoir en 1944. Cette fois pour 15 ans. Sa stratégie économique fut très claire : favoriser le développement d'une bourgeoisie francophone liée au grand capital américain. Sa stratégie sociale : maintenir l'ordre avec l'appui de l'Église. Des auteurs[317] ont vu dans cette stratégie la coexistence du traditionalisme avec des éléments de discours moderniste.

En fait, le duplessisme fut une version très conservatrice du libéralisme classique enrichi d'une touche populiste et nationaliste québécoise. Duplessis a repris essentiellement les politiques écono-

---

[317] Bourque, Gilles et Jules Duschatel, *Restons traditionnels et progressifs*, Montréal, Boréal, 1988, 400 p.

miques d'Alexandre Taschereau dans une conjoncture différente de celle des années 1920 et 1930. D'où un certain anachronisme, renforcé, en apparence, par son attachement au catholicisme. Il faut dire cependant qu'il n'a pas été le seul anachronisme en Amérique du Nord. Le Canada anglais a produit son contingent de politiciens provinciaux du même genre dans les années 1950, notamment dans l'Ouest avec des premiers ministres comme Bill Bennett (Colombie-Britannique) et Ernest Manning (Alberta). Aux États-Unis, des politiciens de la trempe du sénateur Joseph McCarthy étaient légion et n'avaient rien à envier en matière de conservatisme social à Duplessis.

Par ailleurs, au moment où l'Amérique conservatrice cherchait des sorcières dans le cadre de la «Guerre froide», au Québec, les sciences sociales se sont développées et, par la même occasion, la thèse du monolithisme idéologique, telle que présentée dans le premier chapitre, était lancée. Si les communistes ont servi de prétexte à une répression contre tout ce qui bougeait dans les années 1950, Duplessis et l'Église ont été les épouvantails des «nouveaux spécialistes» issus des classes moyennes en quête de vilains pour expliquer le «retard» du Québec. Duplessis, pourtant profondément pro-capitaliste, fut décrit comme la personnification idéale du traditionalisme alors que l'Église, institution très fonctionnelle dans le développement du système capitaliste, fut accusée d'être la principale cause du retard idéologique du Québec. Or de retard idéologique, il n'y en avait point puisque les valeurs dominantes de l'entreprise privée étaient déjà bien implantées au Québec[318]. Les différentes positions prises par les associations patronales à la suite de la Révolution tranquille n'ont été d'ailleurs que la perpétuation de ces valeurs. Dans une certaine mesure, ce qui a caractérisé le Québec sur le plan des idéologies au XXe siècle a été non pas le «monolithisme du traditionalisme» mais plutôt la perpétuation après la Seconde Guerre mondiale du libéralisme classique. Même la Révolution tranquille

---

[318] A moins bien sûr que ces mêmes valeurs, triomphantes dans le Québec d'aujourd'hui, soient rétrogrades. Mais alors, le Québec d'aujourd'hui n'est pas moins en retard que celui d'hier.

n'a pas profondément ébranlé cette idéologie qui devait s'imposer dans les années 1970 et 1980 au point d'éliminer presque toutes les autres idéologies d'envergure créant ainsi la seule véritable période de monolithisme idéologique dans l'histoire du Québec.

## LE CONSEIL DU PATRONAT DU QUÉBEC

En février 1963, un groupe de travail formé par des représentants des principales associations patronales de la province s'est réuni afin de mettre sur pied les structures d'une nouvelle organisation[319]. L'idée avait été lancée par le Centre des dirigeants d'entreprises, composé à 90% d'hommes d'affaires francophones[320]. Pour le CDE, à une époque où au Québec il était de plus en plus question de planification économique, les hommes d'affaires devaient se doter d'un instrument d'intervention auprès du gouvernement et du public.

Dans le contexte des années 1960, la montée d'un syndicalisme agressif et de tendance socialiste combinée à quelques initiatives gouvernementales jugées contraires à la philosophie libérale du patronat motivèrent la création de cet organisme[321]. Cependant, il fallut attendre le 20 janvier 1969 pour que le Conseil du patronat du Québec soit officiellement lancé. Financé par une centaine des plus grandes entreprises du Québec, notamment la Banque Royale, la CIL, Canada Ciment Laforge, et même l'Hydro-Québec et Sidbec, le CPQ est une fédération d'associations patronales du Québec[322]. En fait, les membres du CPQ embauchent 80% de la main-d'œuvre québécoise.

Depuis sa fondation, le CPQ a défendu les intérêts de l'entreprise privée au Québec en étant le porte-parole officiel du patronat auprès des «gouvernements, corps intermédiaires, centrales syndi-

---

[319] Pratte, Bernard, *Le Conseil du patronat du Québec: rôle et idéologie*, Montréal, Université de Montréal, thèse de M.A., 1985, 150 p.

[320] Fournier, Pierre, *Le patronat québécois au pouvoir*, Montréal, HMH Hurtubise, 1979, 308 p.

[321] Pratte, Bernard, *op. cit.*

[322] Fournier, Pierre, *op. cit.*, 80.

cales et médias d'information»[323]. De plus, le CPQ a des représentants dans plusieurs organismes gouvernementaux comme le Conseil de la planification et du développement économique, l'Office de la protection du consommateur et le Conseil consultatif du travail et de la main-d'œuvre[324]. Cela sans oublier le fait qu'à chaque année le CPQ présente ses recommandations au ministre des Finances du Québec concernant le budget.

Certes, le CPQ, en défendant les intérêts de l'ensemble du patronat au Québec, n'est pas exclusivement représentatif du patronat québécois francophone. Une telle fonction est assumée par la Chambre de commerce du Québec. La Chambre de commerce regroupe plus de 200 chambres locales. Elle est indépendante de la Chambre canadienne[325] et défend prioritairement les intérêts des entrepreneurs francophones. Fondée en 1887, la Chambre de commerce du district de Montréal est la plus puissante chambre locale à l'intérieur de la Chambre de commerce du Québec[326].

Le caractère plus «nationaliste» de la Chambre de commerce ne fait pas de doute. Les récentes prises de position de la Chambre dans le débat sur l'avenir du Québec[327] sont très claires et différentes de la politique du CPQ qui semble maintenir un attachement fédéraliste[328]. Cependant, malgré ces divergences, le CPQ et la Chambre de commerce soutiennent depuis les années 1960 les mêmes grands principes de philosophie économique. En ce sens, le CPQ, bien que moins nationaliste que la Chambre, représente très bien les principales valeurs et croyances des patrons québécois francophones lesquelles ont été dans les années 1960, 1970 et aujourd'hui, essentiellement les mêmes que celles défendues dans les années 1930 par la presse libérale.

---

[323] Pratte, Bernard, *op. cit.*, 23
[324] *Idem.*
[325] Fournier, Pierre, *op. cit.*, 73.
[326] *Idem.*
[327] *Globe and Mail*, November 8, 1990, 45.
[328] *Globe and Mail*, October 19, 1990, 131.

## LA RÉVOLUTION TRANQUILLE

De 1960 à 1966, le Québec a connu une période de réformes. Tout a commencé avec l'élection, le 22 juin 1960, de l'équipe libérale de Jean Lesage. En six ans, une série de réformes furent réalisées afin de «moderniser» le Québec. L'âge du droit de vote fut abaissé de 21 à 18 ans, un ministère de l'Éducation fut créé affaiblissant ainsi l'Église dans ce secteur clef de la société québécoise, le Code du travail fut modifié et le réseau d'Hydro-Québec fut complété par la nationalisation complète de l'électricité. Ces réformes ont suscité un enthousiasme sans doute unique dans l'histoire du Québec à un moment où la jeunesse du monde occidental contestait le conservatisme aussi bien en France qu'en Angleterre, en Allemagne et aux États-Unis. Dans ce dernier pays, le mouvement civil des noirs fut la plus grave menace à l'establishment américain. Ce fut, aussi, l'époque de la décolonisation et plusieurs ont comparé le Québec aux peuples colonisés en lutte pour leur indépendance.

Les libéraux de Jean Lesage ont aussi agi dans le domaine économique. Il ne faut pas oublier que le Canada a connu une récession entre 1957 et 1961 et que le taux de chômage était de 14% au Québec en 1960[329]. Les travailleurs et les jeunes entrant sur le marché du travail étaient mécontents et demandaient des changements. La réponse du gouvernement fut la création de sociétés d'État chargées de mieux canaliser les fonds de retraite, les épargnes et les investissements des Québecois et d'assurer que l'État provincial puisse mieux soutenir les entreprises francophones. Créée en 1965, la Caisse de dépôt et de placement est encore aujourd'hui l'institution qui s'acquitte le mieux de ce rôle.

Au niveau des élites francophones impliquées dans le monde des affaires, ces réformes ont-elles entraîné une remise en question fondamentale des valeurs du libéralisme classique? Il semble que non, du moins si l'on prend comme baromètre les différentes positions prises par les associations patronales. Si la Révolution tranquille a indéniablement été une période de réformes, elle n'a pas constitué, pour ces élites, une rupture idéologique.

---

[329] Monière, Denis, *op. cit.*, 320.

## L'ENTREPRISE PRIVÉE ET LE PATRONAT QUÉBÉCOIS

Que ce soit lors de la présentation de mémoires, de brochures, de communiqués de presse, ou d'autres publications, le monde patronal québécois, notamment le Conseil du patronat, a invariablement défendu les valeurs de l'entreprise privée. Ainsi, dans les années 1960, le CPQ, créé justement pour donner au patronat une voix unique et cohérente, a constamment répété sa foi dans les principes essentiels du libéralisme classique: «libertés individuelles, liberté d'entreprise et démocratie politique»[330].

Évidemment, depuis les XVIIIe et XIXe siècles, le libéralisme classique a évolué. Autrefois élitiste et non-démocratique, ceux qui plaident aujourd'hui en faveur du système de l'entreprise privée et de la primauté de la propriété privée ont souvent tendance à associer liberté d'entreprise avec liberté politique. Pourtant, c'est à l'arraché, au Québec comme ailleurs, que les ouvriers et les femmes ont obtenu, à la charnière des XIXe et XXe siècles, le droit de vote qui leur était nié, il n'y a pas si longtemps, par les défenseurs inconditionnels de la propriété privée. De la même manière, les régimes néo-conservateurs des années 1980 ont lancé une vaste campagne contre les programmes sociaux. Et aujourd'hui, au Québec, alors que la pauvreté s'accentue, surtout chez les jeunes[331], le patronat constitue l'un des principaux foyers de résistance à l'application d'un programme de plein-emploi. Pourtant, en même temps, le patronat québécois présente une vision tout à fait mythologique du passé du monde occidental comme si toutes les réformes et améliorations avaient été obtenues dans la plus totale harmonie[332].

Ainsi, pour le patronat, «le principe de la liberté d'entreprise est aussi garant des libertés individuelles et de la démocratie»[333]. Nier la liberté des propriétaires et entrepreneurs, c'est nier toute

---

[330] Pratte, Bernard, *op. cit.*, 29.
[331] «La pauvreté change de visage au Québec: elle frappe les jeunes et les personnes seules», *La Presse*, 2 novembre 1990, A-7.
[332] Fournier, Pierre, *op. cit.*, 39-58.
[333] Pratte Bernard, *op. cit.*, 30.

liberté[334]. Le système de l'entreprise privée est le seul système qui garantit la liberté individuelle. L'intervention de l'État dans l'économie ne peut être qu'un complément à l'entreprise privée.

> «Les théories qui ont proposé de supprimer l'entreprise libre, tout en prétendant sauver la démocratie politique et les libertés individuelles, sont restées des utopies. Quand ces théories ont servi de paravent à quelque projet politique, le résultat a été, dans chaque cas connu, la mort des libertés individuelles, l'instauration du dirigisme d'état sur toutes les activités économiques et l'imposition de la dictature politique»[335].

Dans des brochures publiées en 1972 et 1976, *Détruire le système? C'était à y penser* et *Des profits oui mais pour qui?*, le CPQ a présenté le régime de la propriété privée comme le meilleur système politique[336]. Pour le CPQ, le progrès économique sans précédent qu'a connu l'Amérique depuis le XXe siècle est entièrement attribuable à l'entreprise privée. Ainsi, l'entreprise privée est à l'origine de tout le progrès humain, que ce soit sur le plan économique aussi bien que social, culturel et intellectuel. La libre entreprise serait même à l'origine de la «démocratie économique»[337] caractérisée par la distribution massive des biens et services et la diffusion de la propriété par la démocratisation des marchés boursiers.

De plus, pour le Conseil, l'État doit avant tout créer les conditions favorables à un libre marché. Son rôle est avant tout complémentaire[338]. C'est pourquoi d'ailleurs le patronat a toléré plusieurs des réformes des années 1960 à la seule condition qu'elles soient définies comme des ajustements à la libre entreprise.

> «C'est un point d'observation courante que nombre de sociétés occidentales dont la nôtre, ont élargi graduellement depuis une décennie le rôle de compétence du droit public et diminué d'autant le secteur du droit privé. (...) L'État a un certain rôle à jouer dans

---

[334] *Idem.*

[335] CPQ, *Le Conseil du patronat a dix ans...*, cité dans Pratte, *op. cit.*, 31.

[336] *Ibid.*, 32.

[337] *Ibid.*, 33.

[338] Fournier, Pierre, *op. cit.*, 221-69.

l'économie, mais nous sommes convaincus que l'entreprise privée, encadrée dans une législation progressiste, demeure le meilleur choix pour le développement du potentiel industriel du Québec»[339].

Cependant, malgré cette affirmation de principe, le bilan des années 1960 qui est dressé au début des années 1970 par le CPQ est plutôt négatif. Ce que le CPQ a surtout reproché au gouvernement est d'avoir accru les dépenses publiques sans s'inquiéter des conséquences économiques et sociales ni de l'efficacité de ces programmes. On dénonce le gaspillage et le fait que la plupart des entreprises d'État sont déficitaires. Quant aux programmes fédéraux et provinciaux d'aménagement régional, ils ont été vilipendés par le patronat qui a déploré le fait que les contributions financières des entreprises saines ont surtout servi à entretenir une «concurrence déloyale» avec des entreprises mal gérées[340]. En guise de solution, le patronat suggère que l'on revienne à la prédominance de l'entreprise privée (laquelle, de toute façon, n'a jamais cessé d'être dominante au Québec dans les années 1960) afin d'assurer la relance d'une économie victime d'une autre récession au début des années 1970[341].

«L'empiétement systématique de l'État sur le secteur privé n'est plus considéré comme un bon principe de gouvernement et le CPQ croit que certaines fonctions qui, dans l'enthousiasme des années 1960 ont été placées dans le giron de l'État sont en voie d'être progressivement liquidées et/ou rendues à l'entreprise privée»[342].

Ce point de vue sur l'État du CPQ était aussi partagé par l'ensemble des institutions et représentants patronaux dans les années 1970[343]. Le politicologue Pierre Fournier va même plus loin lorsqu'il écrit:

---

[339] CPQ, *Mémoire sur les priorités budgétaires de l'Etat Québécois pour l'exercice 1973-74*, Montréal, 1972, cité dans Pratte, Bernard, *op. cit.*, 59.

[340] Pratte, Bernard, *op. cit.*, 59.

[341] *Ibid.*, 60.

[342] *Idem.*

[343] Fournier, Pierre, *op. cit.* Voir également: *Un siècle d'entreprendre. La Chambre de commerce de Montréal: 1887-1987*, Montréal, Libre Expression, 1987, 188 p.

«L'intervention soutenue de l'État de même que l'avalanche de prétendues réformes depuis 1960 n'ont eu aucun impact majeur sur la distribution du pouvoir au Québec. La classe ouvrière et les autres groupes sociaux ont été incapables d'améliorer leur position économique relative et leur pouvoir politique face à la classe capitaliste. Les relations entre le gouvernement du Québec et le grand capital sont demeurées essentiellement les mêmes que sous Duplessis»[344].

Qu'ils soient anglophones ou francophones, les patrons du Québec ont eu la même passion : la propriété privée. Dans cette optique, aucune considération ne peut être invoquée pour remettre en question la prédominance de l'entreprise privée. Ainsi, les déficits budgétaires de l'État ont été examinés avec beaucoup de soin parce qu'ils étaient perçus comme préjudiciables aux activités des entrepreneurs.

Par exemple, en août 1975, le CPQ présenta un mémoire au gouvernement provincial en prévision du budget pour l'année fiscale 1976-77. Pour les auteurs du rapport, l'État avait failli à sa mission économique entre 1965 et 1975 puisque les revenus du gouvernement avaient augmenté au taux annuel de 14% comparativement à un taux de 10% pour le produit provincial brut. L'État ne jouait donc plus son rôle de complément à l'entreprise privée en transférant ainsi au secteur public une partie de la richesse provinciale. Dès 1975, le CPQ conseillait au gouvernement de diminuer la part de l'Éducation, de la Santé et des Affaires sociales dans le partage des crédits budgétaires et de réduire ses multiples sources de revenu de l'État qui spoliaient les entrepreneurs d'une masse importante de capitaux[345]. Enfin, dans le même document, le CPQ recommandait au gouvernement de gérer les secteurs de la santé, de l'éducation et des affaires sociales comme des entreprises privées[346]. En quoi ces idées étaient-elles fondamentalement différentes des valeurs et solutions présentées par la presse libérale francophone des années 1930 pour faire face à la Crise ?

---

[344] *Ibid.*, 268.
[345] Pratte, Bernard, *op. cit.*, 65.
[346] *Ibid.*

# CONCLUSION

## LES LIBÉRAUX D'HIER ET D'AUJOURD'HUI

Dans les chapitres sur les éditoriaux de *La Presse*, du *Soleil* et du *Canada* dans les années 1930 nous avons pu constater la présence, solidement ancrée, d'une idéologie libérale classique fondée sur la thèse de la propriété privée comme facteur de progrès. Niant la gravité structurelle de la Crise, les éditorialistes ont redouté les interventions de l'État, plaidé pour la charité privée, défendu le libre-échange. En somme, ils n'ont jamais douté de la valeur du libéralisme et du système capitaliste, tout comme les institutions patronales des années 1960 et 1970.

L'étude d'autres thèmes abordés par les journaux libéraux des années 1930 aurait conduit au même diagnostic[347]. Ainsi, l'agriculture fut constamment décrite comme une «industrie» spécialisée liée au marché. Les journaux libéraux s'opposèrent, par ailleurs, à la création en 1934 de la Banque du Canada, institution que l'on redoutait en raison de la menace qu'elle pourrait représenter pour les banques canadiennes-françaises, surtout la Banque Canadienne Nationale, décrite comme un véritable pivot de la nation. D'ailleurs, Beaudry Leman, le directeur de cette banque et président de l'Association des banquiers canadiens, était l'une des personnalités québécoises les plus appréciées par la presse libérale, de même que Raoul Dandurand, Frédéric Ligori Béïque et Pamphile du Tremblay. Et puisqu'il est question de ce dernier, notons que *La Presse* apparut comme un journal très proche des milieux d'affaires. En fait, en page

---

[347] Couture, Claude, *La presse libérale au Québec entre 1929 et 1935. Analyse de contenu des éditoriaux de La Presse, du Soleil et du Canada*, Montréal, Université de Montréal, 1987, thèse de doctorat, 430 p.

éditoriale, *La Presse* reprit systématiquement les positions de ces milieux et se démarqua ainsi du *Soleil* et du *Canada* qui étaient davantage des porte-parole favorables à l'entreprise privée des partis politiques. *La Presse* et *Le Canada* se montrèrent par ailleurs vivement préoccupés par l'avenir économique de Montréal et, à l'époque, exprimèrent sans réserve leur opposition à la canalisation du Saint-Laurent qui menaçait la position stratégique de la métropole canadienne.

Sur le plan politique, le corporatisme, le fascisme, le socialisme n'ont exercé sur cette presse aucune séduction. La presse libérale a sévèrement condamné le nazisme et en particulier, l'antisémitisme. La préférence des journaux libéraux alla aux démocraties libérales et, à l'intérieur de ces pays, aux formations politiques du centre-droit et de droite, c'est-à-dire la droite libérale démocratique et non la droite fascisante. Il est vraisemblable que ces bourgeois du Québec auraient été très à l'aise dans les institutions de la Troisième république en France, et, encore plus, dans une coalition ayant à sa tête un Raymond Poincaré. Vis-à-vis de l'Angleterre, les préférences allèrent du côté de Stanley Baldwin et des gouvernements d'union nationale dirigés par les conservateurs. La presse libérale des années 1930 témoigna un profond attachement pour ces deux pays et il a été impossible de déceler une sympathie plus marquée pour l'un ou l'autre. Par contre, ces journaux défendaient le projet d'une économie nord-américaine intégrée et libre-échangiste.

Il apparut également que ces journaux, bien que respectueux de la hiérarchie religieuse, ont affirmé le principe de la séparation de l'Église et de l'État. Le rôle de l'Église dans la charité privée fut cependant reconnu. L'éducation fut un thème majeur et l'élément clef d'une stratégie visant à former une élite encore plus compétitive. Fédéraliste, cette presse concevait l'avenir des Canadiens français dans un nationalisme pan-canadien. En fait, selon ces éditorialistes, ce furent les Canadiens français qui permirent au Canada d'acquérir son autonomie politique face à l'Angleterre. Bref, ces libéraux des années 1930 étaient de fidèles héritiers de l'école de Laurier. Or, si le Québec du premier tiers du XX$^e$ siècle apparaît à travers cette presse comme une société caractérisée par les phénomènes d'industrialisation, d'urbanisation et de pluralisme idéologique comportant, entre autres, la présence, importante, du libéralisme classique, comment alors interpréter la faiblesse relative de la bourgeoisie canadienne-française ?

La solution à ce problème n'est pas à chercher du côté d'un «retard» idéologique causé par un monolithisme paralysant. Sans doute serait-il intéressant de réexaminer l'histoire économique et sociale du Québec en tenant compte de la présence importante du libéralisme classique dans le paysage idéologique du Québec avant la Révolution tranquille. Car contrairement à ce qu'a écrit Marcel Rioux, il n'y a tout simplement pas eu de «long hiver québécois» entre 1840 et 1960. Et s'il est vrai que le libéralisme radical et réformiste perdit beaucoup de son influence après la Confédération, la société québécoise n'a pas été pour autant monolithique pendant plus d'un siècle. Le Québec était déjà bien moderne en ce sens que les valeurs des gens d'affaires d'aujourd'hui étaient présentes avant 1960. Peut-être, enfin, faudrait-il partir d'une approche tout à fait différente : compte tenu des difficultés presqu'insurmontables éprouvées par les francophones à la suite de la Conquête à établir des contacts avec une nouvelle métropole dans le cadre d'une économie mercantile, comment se fait-il qu'il y eut, somme toute, autant d'entrepreneurs francophones au XIX<sup>e</sup> siècle ? Les hommes d'affaires francophones d'aujourd'hui qui, dans certains cas, s'imaginent avoir inventé la roue et être issus de nulle part trouveraient matière à réfléchir sur leur identité en répondant à cette question.

# ANNEXE I

## Quelques exemples d'hommes d'affaires canadiens-français au XIX$^e$ siècle et avant la Crise des années 1930

BARSALOU (Joseph), (1822-1897), Benning et Barsalou devint la plus importante firme montréalaise de vente à l'encan (1860). Premier président de la compagnie de caoutchouc de Montréal (1867). Manufacture importante de savon (1875). Homme d'affaires et homme politique.

BEAUBIEN (Louis de Gaspé), (1867-1939), financier québécois. Fonde en 1902 une maison de finance et de courtage qui devait devenir l'une des plus importantes au pays. Président de la Bourse de Montréal de 1932 à 1933.

BEAUDRY (Jean-Louis), (1809-1886), entrepreneur et homme politique. Agit principalement dans le commerce au détail. Possède également des investissements importants dans le domaine foncier. Un des grands agitateurs de la Rébellion de 1837.

BERTRAND (Charles), (1824-1896), seigneur, hommes d'affaires et homme politique. Devint Seigneur de l'Isle Verte (1850), moulin à farine, à scier et à carder. Une fonderie est formée dans le but de manufacturer des voitures et des instruments oratoires. L'une des plus importantes de la province (1883-1894).

BRESSE (Guillaume), (1833-1892), manufacturier de bottes et chaussures. Première manufacture à Québec en 1871 (200 travailleurs). Investit également dans le tronçon Montréal-Québec du chemin de fer de Québec, Montréal, Ottawa et Occidental. Aussi présent dans le domaine du textile.

CANTIN (Augustin), (1809-1893), constructeur de navires. En 1857, son entreprise de construction navale, la Montréal Marine Works emploie de 150 à 250 employés. Le plus gros chantier naval de Montréal à l'époque. Il possédait également des biens immobiliers.

CHERRIER (Côme-Séraphin), (1798-1885), avocat, homme politique et homme d'affaires. A son décès, le Montreal Daily Star estime ses biens à plus de $1,000,000.00. Propriétaire foncier, possède des actions dans la Banque du peuple.

CUVILLIER (Augustin), (1779-1849), marchand, banquier et homme politique. L'un des fondateurs de la Banque de Montréal (1817).

DESJARDINS (Alphonse), avocat, journaliste, homme politique et président de la Banque Jacques-Cartier de 1880-1899.

FORGET (Louis-Joseph), (1853-1911), premier Canadien français à devenir membre de la Bourse de Montréal; devint président de cette dernière en 1895-1896. Amasse une fortune en contrôlant des compagnies de ciment, textiles et acier.

FORTIER (Joseph Herman), (1875-1976), homme d'affaires, vice-président de la Banque Nationale, administrateur de la Canada Steamships Lines, de la Québec Power.

HUDON (Albert), (1872-1949), homme d'affaires. Administrateur de maisons d'affaires importantes de Montréal. Il consacra des fonds personnels au développement de l'École des Hautes Études commerciales de Montréal.

HUDON (Victor), (1812-1897), marchand, banquier et industriel. Œuvre surtout dans le textile et les marchandises sèches et d'épicerie. Un des fondateurs de la Banque Jacques-Cartier en 1861.

LARUE (Auguste), (1814-1900), surtout présent dans le domaine sidérurgique. Ses forges fabriquent des roues de wagon pour le Grand Tronc de Montréal (1853), 120 travailleurs. Les forges Radnor sont les plus importantes du Bas-Canada à cette époque. Investissement de plus de $100,000.00.

MASSON (Joseph), (1791-1847), homme d'affaires, officier de milice, Seigneur, homme politique et juge. Associé à un commerçant anglais dans le commerce des grains et de la potasse. Considéré comme le plus riche Canadien-français de la première moitié du XIXe siècle.

POTHIER (Toussaint), officier et administrateur, Seigneur de Lanaudière et de Carufel, commissaire pour la construction du canal Lachine (1825), membre du Conseil législatif (1824) et du Conseil exécutif (1839-1941).

PRÉFONTAINE (Raymond), (1850-1905), avocat, homme politique et homme d'affaires. Directeur de plusieurs entreprises de transport, de fiducie et de services publics. Maire de Montréal en 1898.

RENAUD (Louis), (1818-1878), négociant, surnommé le "maître incontesté du commerce de la farine et du grain dans le Bas-Canada".

RIVARD (Sévère), (1834-1888), avocat, homme politique et homme d'affaires. Se bâtit une fortune impressionnante en achetant des terrains dans les années 1870 à Montréal. S'engagea aussi dans diverses entreprises, comme une fabrique de laine et le commerce d'orgues. Participe en 1883 à la formation de la «Citizens' Gas Company of Montreal» avec Andrew Allan et Alexander Ogilvie.

ROCHETTE (Cléophas), (1843-1895), surtout présent dans le secteur de la chaussure. L'un des chefs de file du secteur de la fabrication de fausses semelles, renforts et talons. Établi à Québec (1880). Possède aussi une briqueterie (1867). Surtout actif sur le marché local.

RODIER (Charles-Séraphin), (1818-1890), industriel financier, propriétaire foncier et homme politique. Propriétaire d'une usine de production d'instruments oratoires à Montréal (1859). L'un des fondateurs de la Banque Jacques-Cartier.

ROLLAND (Damien), président (1888-1912) de papier Rolland, président de la Banque d'Hochelaga, membre du cabinet du Québec et l'un des gouverneurs de l'Université Laval.

ROLLAND (Jean-Baptiste), (1816-1888), imprimeur, libraire, établit la première industrie de papiers fins au pays en 1882.

SÉNÉCAL (Louis-Adélard), (1829-1887), homme d'affaires. Promoteur d'une voie ferrée sur la glace entre Montréal et Longueuil. Président du chemin de fer de la rive nord et de la régie des transports urbains de Montréal.

SINCENNES (Jacques-Félix), (1818-1876), armateur, homme politique et homme d'affaires; fondateur de la Société de navigation de la rivière Richelieu qui devint plus tard le Canada Steamship Lines en 1913.

VALIN (Pierre Vincent), (1827-1883), constructeur et propriétaire de navires. Un des grands dans ce domaine dans la ville de Québec. En 1880, la jauge totale des navires qu'il aurait construite dépasserait les 69,000 tonneaux.

VALOIS (Joseph-Moïse), (1836-1905), libraire-éditeur, un des dirigeants des éditions de la maison Beauchemin et Valois.

VIAU (Charles-Théodore), (1843-1898), fondateur de la compagnie de biscuits Viau. Oeuvre au début dans le commerce de la farine puis par la suite dans le secteur de la boulangerie. En 1894, son usine de biscuits emploie 125 personnes. Également présent dans le secteur de la propriété foncière.

# LISTE DES TABLEAUX

## SOURCES

*Le Canada*, 1929-1935.

*La Presse*, 1929-1935.

*Le Soleil*, 1929-1935.

*Canadian Almanac*, 1929, 1930, 1931, 1933, 1934, 1935.

Raphaël Ouimet (ed.), *Les biographies canadiennes-françaises*, Montréal, 1929, 1930, 1931, 1932, 1933, 1934, 1935.

# BIBLIOGRAPHIE

ARON, Raymond, *Les étapes de la pensée sociologique*, Paris, Gallimard, 1967, 560 p.

ABRAMS, Philip, *Historical Sociology*, New-York, Cornell University Press, 1982, 355 p.

AITKEN, Hugh, G. J., «Defensive Expansionism: The State and Economic Growth in Canada», dans W. T. Easterbrook et M. H. Watkins, (ed.) *Approaches to Canadian Economic History*, Toronto, Mc Clelland and Stewart, 1967, 292 p.

AMIN, Samir, «Vers une nouvelle crise structurelle du capitalisme», *Sociologie et Sociétés*, VI: 2, 1974, 7-33.

ANGERS, François A., «L'industrialisation et la pensée nationaliste traditionnelle», dans Robert Comeau (dir.), *Économie québécoise*, Montréal, PUQ, 1967, 417-32.

ANSART, Pierre, *Les idéologies politiques*, Paris, PUF, 1974, 218 p.

APPLEBY, Joyce, *Capitalism and a New Social Order*, New-York, New-York University Press, 1984, 110 p.

APPLEBY, Joyce, «The Social Origins of American Revolutionary Ideology». *Journal of American History*, LXIV:4, mars 1978, 935-58.

ARCHIBALD, Clinton, *Un Québec corporatiste*, Hull, Asticou, 1983, 430 p.

ARMSTRONG, Robert, *Structure and change*, Ottawa, Gage, 1984, 295 p.

BACHRACH, Peter, *The Theory of Democratic Elitism*, Boston, Little-Brown, 1967, 109 p.

BAECHLER, Jean, *Qu'est-ce que l'idéologie?*, Paris, Idées-Gallimard, 1976, 405 p.

BARBEAU, Raymond, *Le libérateur économique du Québec*, Montréal, L'Homme, 1963, 160 p.

BARDIN, Laurence, *L'analyse de contenu*, Paris, PUF, 1977, 233 p.

BASTIEN, Hermas, *Olivar Asselin*, Montréal, Valiquette, 1938, 220 p.

BEAULIEU, André, HAMELIN, Jean, *Les journaux du Québec*, Québec, PUL, 1965, 2 vol.

BEAULIEU, André, HAMELIN, Jean, *La presse québécoise. Des origines à nos jours*, Québec, PUL, 1977, 4 vol.

BEHIELS, Michael A., *Prelude to Quebec's Quiet Revolution, Liberalism versus neo- nationalism*, Montréal, Kingston, McGill-Queen's University Press, 1985, 370 p.

BÉLANGER, André-J., *Ruptures et constances*, Montréal, HMH, 1977, 219 p.

BÉLANGER, André-J., *L'apolitisme des idéologies québécoises*, Québec, PUL, 1974, 390 p.

BERGER, Carl, *The Sense of Power*, Toronto, UTP, 1970, 277 p.

BERGER, Carl, (dir.), *Approaches to Canadian History*, Toronto, UTP, 1979, (1ère édition 1969), 98 p.

BERGER, Carl, *The Writing of Canadian History*, Toronto, UTP, 1977, 300 p.

BERGERON, Gérard, *Pratique de l'État au Québec*, Montréal, Québec-Amérique, 1984, 440 p.

BERGERON, Gérard, *Le fonctionnement de l'État*, Paris, Armand Colin, 1965, 660 p.

BERNARD, Jean-Paul, *Les rouges*, Montréal, PUL, 1971, 320 p.

BERNARD, Jean-Paul (dir.), *Les idéologies québécoises*, Montréal, Boréal Express, 1973, 150 p.

BERNARD, Jean-Paul, *Les rébellions de 1837-1838*, Montréal, Boréal Express, 1983, 350 p.

BERTRAM, Gordon, «Economic Growth in Canadian Industry, 1870-1915: the staple model and the take off hypothesis» *The Canadian Journal of Economics and Political Science*, (mai 1963), 29 : 159-84.

BLISS, Michael, *A living Profit: Studies in the Social History of Canadian Business*, Toronto, Mc Clelland and Stewart, 1974, 160 p.

BOISMENU, Gérard et (al.), *Espace régional et nation*, Montréal, Boréal Express, 1982, 220 p.

BONENFANT, Jean-Charles, «L'évolution du statut de l'homme politique canadien- français», *Recherches Sociographiques*, janvier-août 1966, VII:2, 117-31.

BONVILLE, Jean de, «La liberté de presse à la fin du 19e siècle: le cas du Canada-Revue», *RHAF*, 31:4, mars 1978, 501-25.

BOUDON, Raymond, *La place du désordre*, Paris, PUF, 1984, 245 p.

BOUDON, Raymond et BOURRICAUD, François, *Dictionnaire critique de la sociologie*, Paris, PUF, 1982, 625 p.

BOUDON, Raymond, *L'idéologie*, Paris, Fayard, 1986, 326 p.

BOUDON, Raymond, *Les méthodes en sociologie*, Paris, PUF, 1973, 126 p.

BOURQUE, Gilles, *L'état capitaliste et la question nationale*, Montréal, PUM, 1977, 385 p.

BOURQUE, Gilles et Jules Duchastel, *Restons traditionnels et progressifs*, Montréal, Boréal, 1988, 400 p.

BOURQUE, Gilles et DUCHASTEL, Jules, «Analyser le discours politique duplessiste: méthode et illustration», *Cahiers de recherche sociologique*, 2:1, avril 1984, 99-136.

BOURQUE, Gilles et LAURIN-FRENETTE, Nicole, «Classes sociales et idéologies nationalistes», *Socialisme québécois*, 20 (avril 1970), 27-55.

BOURQUE, Gilles, *Classes sociales et question nationale au Québec*, Montréal, Parti-Pris, 1970, 350 p.

BRAZEAU, Jacques, «Les nouvelles classes moyennes», *Recherches Sociographiques*, VII:1-2, janvier-août 1966, 151-64.

BREMNER, Robert, *American Philanthropy*, Chicago, University of Chicago Press, 1960, 230 p.

BROWN, R. C. et COOK, Ramsay, *Canada: 1896-1921*, Toronto, McMillan, 1944, 410 p.

BURDEAU, Georges, *L'État*, Paris, Seuil, 1970, 182 p.

BURDEAU, Georges, *Le libéralisme*, Paris, Seuil, 1979, 310 p.

CARELESS, J. M. et BROWN, R. C., *The Canadians: 1867-1967*, Toronto, McMillan, 1967, 850 p.

CHAMBERS, Edward, «The 1937-38 Recession in Canada», *Canadian Journal of Economics and Political Studies*, 21:3, août 1955, 293-308.

CHARBONNEAU, Hubert, *La population au Québec*, Montréal, Boréal Express, 1973, 110 p.

CHAUSSINAND-HOGARET, Guy, *La noblesse au XVIIIe siècle*, Bruxelles, Éditions Complexe, 1984, 250 p.

CLEMENT, Wallace, *Continental Corporate Power*, Toronto, Mc Clelland and Stewart, 1977, 408 p.

CLEMENT, Wallace, *The Canadian Corporate Elite*, Toronto, Mc Clelland and Stewart, 1975, 479 p.

COMEAU, Paul-André, «Analyse comparative et informatique», *Revue canadienne de science politique*, 1:1, mars 1968, 81-95.

COOK, Ramsay, *Le Canada: étude moderne*, Toronto, Clark, 309 p.

COOK, Ramsay, *The Regenerators*, Toronto, University of Toronto Press, 1985, 292 p.

COPP, Terry, *Classe ouvrière et pauvreté*, Montréal, Boréal Express, 1983, 220 p.

COUTURE, Claude, *La presse libérale au Québec entre 1929 et 1935. Analyse de contenu de La Presse, du Soleil et du Canada*, Montréal, Université de Montréal, thèse de doctorat, 1987, 430 p.

COUTURE, Claude, « La conquête de 1760 et le problème de la transition au capitalisme », *RHAF*, 39:3, hiver 1986, p. 369 à 384.

CROSS, Michael et KEALY, Greg., *Readings in Canadian Social History. Modern Canada: 1920-1980*, Toronto, Mc Clelland and Stewart, 1984, 245 p.

CROZIER, Michel, *La société bloquée*, Paris, Seuil, 1970, 241 p.

D'UNRUG, Marie-Christine, *L'analyse de contenu*, Paris, Delage, 1974, 105 p.

DANDURAND, Raoul, *Les mémoires du sénateur Dandurand*, Québec, PUL, 1967, 370 p.

DENISON, Merrill, *Histoire de la Banque de Montréal*, Toronto, Mc Clelland and Stewart, 1966, (vol. 1) 472 p. (vol. 2) 453 p.

*Dictionary of the History of Ideas*, New-York, Charles Scribner's sons, 1973, (1ère édition 1968), 4 tomes.

DION, Léon, « La polarité des idéologies : conservatisme et progressisme », *Recherches sociographiques*, 1965, VII:1-2, 23-36.

DION, Léon, *Société et politique : La vie des groupes. Dynamique de la société libérale*, Québec, PUL, 1971, (tome 1), 439 p.

DION, Léon, *Fondements de la société libérale*, (t.2), Québec, PUL, 1971, (tome 2), 616 p.

DUBUC, Alfred, « Les classes sociales au Canada », *Annales E.S.C.*, 22:4, juillet- août 1967, 829-44.

DUMONT, Fernand, et Jean-Paul Montminy (dir.), *Idéologies au Canada français (1900-1939)*, Québec, PUL, 1977, 380 p.

DUMONT, Fernand, et Jean-Paul Montminy (dir.), *Idéologies au Canada français (1900-1929)*, Québec, PUL, 1974, 378 p.

DUMONT, Fernand, « Notes sur l'analyse des idéologies », *Recherches sociographiques*, IV:2, août 1963, 155-65.

DUMONT, Fernand, «Idéologie et savoir historique», *Cahiers internationaux de sociologie*, 1963, 25 : 43-60.

DUMONT, Fernand, et Jean-Paul Montminy (dir.), *Idéologies au Canada français (1940-1976)*, Québec, PUL, 1977, 3 tomes, 359, 389 et 360 p.

DUMONT, Fernand, *Les idéologies*, Paris, PUF, 1974, 218 p.

DUMONT, L., *Homo aequalis. Genèse et épanouissement de l'idéologie économique*, Paris, Gallimard, 1971, 270 p.

DUPONT, Antonin, *Quelques problèmes politiques et sociaux d'après Le Devoir, Le Canada et l'Action Catholique*, thèse de M. A., Université de Montréal, 1965, 111 p.

DUPONT, Antonin, *Les relations entre l'Église et l'État sous L. A. Taschereau (1920-1936)*, Montréal, Guérin, 1973, 366 p.

DUPONT, Antonin, «L. A. Taschereau et la législation sociale au Québec, 1920- 1936», *RHAF*, 26:3, 1972, 397-426.

DUROCHER, René, «Taschereau, Hepburn et les relations Québec-Ontario, 1934-36», *RHAF*, 24:3, décembre 1970, 341-57.

DUROCHER, René et LINTEAU, P. A., *Le «retard» du Québec et l'infériorité économique des Canadiens français*, Trois-Rivières, Boréal Express, 1971, 127 p.

DUVERGER, Maurice, *Sociologie de la politique*, Paris, PUF, 1973, 460 p.

FALARDEAU, Jean-Charles, «Des élites traditionnelles aux élites nouvelles», *Recherches Sociographiques*, VII: 1-2, 1966, 131-45.

FALARDEAU, Jean-Charles, «Rôle et importance de l'Église au Canada français», *Esprit*, août-septembre 1952, 214-29.

FAUCHER, Albert, «Pouvoir politique et pouvoir économique dans l'évolution du Canada français», *Recherches Sociographiques*, VII:1-2, janvier-août 1966, 61-87.

FORTIN, Gérald, «Transformation des structures du pouvoir», *Recherches Sociographiques*, janvier-août 1966, 87-101.

FAULKNER, Harold, *Histoire économique des États-Unis*, Paris, PUF, 1958, 2 tomes.

FELTEAU, Cyrille, *Histoire de La Presse*, Montréal, La Presse, 1984, 2 vol.

FESTINGER, Léon et KATZ, Daniel, *Les méthodes de recherche dans les sciences sociales*, Paris, PUF, 1963, 2 vol.

FINKEL, Alvin, *Business and Social Reform in the Thirties*, Toronto, Lorimer, 1979, 243 p.

FINLAY, J. L. et SPRAGUE, D. N., *The Structure of Canadian History*, Scarborough, Prentice Hall, 1979, 450 p.

FORD, Henry, *Moving Fordward*, New-York, Double day, 1930, 310 p.

FOURNIER, Marcel, « Édouard Montpetit et l'Université moderne », *RHAF*, 36:1, juin 1982, 3-31.

FOURNIER, Marcel, *L'entrée dans la modernité*, Montréal, St-Martin, 1986, 225 p.

FOURNIER, Pierre, *Le patronat québécois au pouvoir*, Montréal, HMH, Hurtubise, 1979, 308 p.

FRENETTE, Yves, « La Presse : 1934-36 », *RHAF*, 33:3, décembre 1979, 451-63.

GABEL, Joseph, *Ideologies I*, Paris, Anthropos, 1974, 358 p.

GABEL, Joseph, *Ideologies II*, Paris, Anthropos, 1978, 168 p.

GABOURY, Jean-Pierre, *Le nationalisme de Lionel Groulx*, Ottawa, Université d'Ottawa, 1971, 226 p.

GAGNON, Jean-Louis, *Les apostasies*, Montréal, La Presse, 1985, 290 p.

GAGNON, Marcel-Aimé, *La vie orageuse d'Olivar Asselin*, Montréal, Ed. de l'Homme, 1962, 302 p.

GAGNON, Marcel-Aimé, *Jean-Charles Harvey. Précurseur de la Révolution tranquille*, Montréal, Beauchemin, 1970, 378 p.

GAGNON, Serge, «La nature et le rôle de l'historiographie. Postulats pour une sociologie de la connaissance historique», *RHAF*, 26:4, 1973, 479-533.

GASH, Normand, *Aristocracy and People*, Londres, Edward Arnold, 1979, 375 p.

GAUTHIER, Benoit et al., *Recherche sociale. De la problématique à la collecte des données*, Québec, PUQ, 1984, 540 p.

GOW, James Ian, *Histoire de l'administration publique québécoise*, Montréal, PUM, 1986, 445 p.

GRANATSTEIN, Jack, *The Ottawa Men*, Toronto, Oxford University Press, 1982, 340 p.

GRANT, George, *Lament for a Nation*, Toronto, Mc Clelland and Stewart, 1965, 97 p.

GRAWITZ, Madeleine, *Lexique des sciences sociales*, Paris, Dalloz, 1981, 376 p.

GRAWITZ, Madeleine, *Méthodes des sciences sociales*, Paris, Dalloz, 1976, 1102 p.

GROSS, Bertram, *Friendly Fascism. The New Face of Power in America*, New- York, Evans and Co., 1980, 420 p.

GUEST, Dennis, *The Emergence of Social Security in Canada*, Vancouver, University of British Columbia Press, 1980, 255 p.

GUINDON, Hubert, «L'évolution de la société canadienne-française», dans Marcel Rioux et Yves Martin, *La société canadienne-française*, Montréal HMH, 1971, 404 p.

GUINDON, Hubert, «La modernisation du Québec et la légitimité de l'État canadien», *Recherches Sociographiques*, XVIII:3, sept.-déc. 1977, 337-66.

GUTTSMAN, W. L., *The British Political Elite*, Londres, Mc Gilbon and Kee, 1968, 398 p.

HAMELIN, Jean et GAGNON, Nicole, *Histoire de l'Église catholique au Québec. Le XXe siècle: 1900-1940*, Montréal, Boréal Express, 1984, 510 p.

HAMELIN, Jean et BEAULIEU, André, «Aperçu du journalisme québécois d'expression française», *Recherches Sociographiques*, VII :3, sept.-déc. 1966, 305-48.

HAMELIN, Marcel, *Les premières années du parlementarisme québécois*, Québec, PUL, 1974, 386 p.

HARTZ, Louis, *The Liberal Tradition in America*, New-York Harcount, Bruce and World, 1955, 329 p.

HARVEY, Fernand, *Le mouvement ouvrier*, Montréal, Boréal Express, 1980, 330 p.

HEAP, Ruby, «Un chapitre dans l'histoire de l'éducation des adultes», *RHAF*, 34 :4, mars 1981, 597-625.

HEAP, Ruby, «La ligue d'enseignement», *RHAF*, 36 :3, décembre 1982, 339-75.

HEAP, Ruby, «Urbanisation et éducation: la centralisation scolaire à Montréal au début du XXe siècle», *Communications historiques*, 1985, 132-51.

HEINTZMAN, Ralph, *The Struggle for Life. The French Daily Press and the Problems of Economic Growth in the Age of Laurier: 1896-1911*, Thèse de doctorat, Université de Toronto, 1977, 680 p.

HELBRONNER, Robert L., *Les grands économistes*, Paris, Seuil, 1970, 350 p.

HOAR, Victor, *The Great Depression*, Toronto, Copp Clarke Publishers, 1969, 232 p.

HOFSTADER, Richard, *The American Political Tradition*, New-York, Anchor Books, 1954, 378 p.

HORN, Michiel, *La grande dépression des années 30*, Ottawa, Société historique du Canada, 1984, 50 p.

HORN, Michiel, «Leonard Marsh and the coming of the welfare state in Canada: a Review Article», *Histoire sociale-Social History*, 1976, 7 : 97-204.

HOROWITZ, Gad, «Conservatism, Liberatism and Socialism in Canada: An interpretation», dans W. E. Mann (dir.), *Canada: A Sociological Profile*, Toronto, Copp Clark, 1971, 8-23.

HUGHES, Everett, *Rencontre de deux mondes*, Montréal, Lucien Parizeau, 1945, 220 p.

JACKSON, Kenneth T., *Crabgrass Frontier*, New-York, Oxford University Press, 1985, 400 p.

JONES, Richard, «L'idéologie de l'Action catholique», *RHAF*, 27:1, juin 1973, 63- 76.

JONES, Richard, *L'idéologie de l'Action catholique 1917-1939*, Québec, PUL, 1974, 360 p.

KINDLEBERGER, C. P., *The world Depression, 1929-1939*, Berkeley, University of California Press, 1973, 336 p.

KOLM, Serge-Christophe, *Le contrat social libéral*, Paris, PUF, 1985, 410 p.

KOLM, Serge-Christophe, *Le libéralisme moderne*, Paris, PUF, 1984, 230 p.

L'ESPÉRANCE, Suzanne Morin, *Les débats concernant la loi des pensions de vieillesse au Québec, de 1927 à 1936*, Mémoire de maîtrise, Département d'Histoire, Université de Montréal, 1981, 294 p.

LAPALME, Georges-Émile, *Le vent de l'oubli*, Montréal, Léméac, 1970, 295 p.

LARIVIÈRE, Claude, *Crise économique et contrôle social. 1929-1937. Le cas de Montréal*, Montréal, Coop. Albert St-Martin, 1977.

LARIVIÈRE, Claude, *Albert St-Martin, militant d'avant-garde*, Montréal, Albert St- Martin, 1978, 210 p.

LEACY, F. H. (dir.), *Statistiques historiques du Canada*, Ottawa, Statistique Canada et Fédération canadienne des sciences sociales, 1983, 1 vol.

LÉGARÉ, Anne, *Les classe sociales au Québec*, Montréal, PUQ, 1977, 197 p.

LEIBY, James, *A History of Social Welfare and Social Works in the United States*, New-York, Columbia University Press, 1978, 425 p.

LEON, Pierre, (dir.), *Histoire économique et sociale du monde. Guerres et crise (1914-1947)*. L.S., Paris, Armand Colin, 1977, 620 p.

LEQUIN, Yves, «La persistance des aristocraties», Pierre Léon (dir.), *Histoire économique et sociale du monde*, Paris, Armand Colin, 1978, 4 : 314.

LÉVESQUE, Andrée, *Virage à gauche interdit*, Montréal, Boréal Express, 1984, 185 p.

LÉVESQUE, Andrée, «Le Québec et le monde communiste: Cowansville 1931», *RHAF*, 34:2, septembre 1980, 171-82.

LEVITT, Joseph, *Henri Bourassa and the Golden Calf*, Ottawa, Presses de l'Université d'Ottawa, 1969, 178 p.

LINTEAU, P. A. et al., *Histoire du Québec contemporain*, Montréal, Boréal Express, 1979 et 1986, 2 vol.

LINTEAU, Paul-André, *Maisonneuve ou comment ces promoteurs fabriquent une ville, 1883-1918*, Montréal, Boréal Express, 1981, 427 p.

LINTEAU, Paul-André, et ROBERT, J. C., «Propriété foncière et société à Montréal: une hypothèse», *RHAF*, 28:1, juin 1974, 45-67.

LINTEAU, Paul-André, «Georges Pelletier et les questions économiques», *Revue d'histoire de l'Amérique française*, XXIII:4, mars 1970, 583-601.

MAC CULLUM, John, *Unequal beginnings. Agriculture, Economic Development in Quebec and Ontario until 1870*, Toronto, UTP, 1980, 150 p.

Mac DONALD, Larry, «Merchants against Industry: an Idea and its origins», *Canadian Historical Review*, 56:3, septembre 1975, 263-85.

MACKINTOSH, W. A., *The Economic Background of Dominion, Provincial Relations*, Toronto, Mc Clelland and Stewart, 1964, 250 p.

MACPHERSON, C.B., *Principes et limites de la démocratie libérale, Montréal*, Paris, Boréal Express, La découverte, 1985, 155 p.

MARIENSTAS, Elise, «Thomas Jefferson et la naissance des États-Unis», *L'Histoire*, janvier 1980, # 19, 31-9.

MATHIAS, Peter, *The First Industrial Nation*, Londres, Rutledge, 1969, 493 p.

MAYER, Arno, *La persistance de l'Ancien Régime*, Paris, Flammarion, 1983, p. 11- 22, 151-63.

Mc RAE, Kenneth, «The Structure of Canadian History», dans Louis Hartz (dir.), *The Founding of new societies*, New-York, Harcourt, 1964, 336 p.

McCONNELL, W. H., «The Genesis of the Canadian new deal», *Journal of Canadian Studies*, 4:2, 1969, 19-36.

McROBERTS, Kenneth et POSTGATE, Dale, *Développement et modernisation du Québec*, Montréal, Boréal Express 1983, 250 p.

MILLS, C. Wright, *L'élite du pouvoir*, Paris, Maspero, 1969, 380 p.

MILLS, C. Wright, *L'imagination sociologique*, Paris, Maspero, 1967, 229 p.

MILZA, Pierre et BERNSTEIN, Serge, *Le Fascisme au 20e siècle*, Paris, Richelieu, 1973, 413 p.

MINER, Horace, *St-Denis. A French-Canadian Parish*, Chicago, University of Chicago Press, 1939, 229 p.

MINVILLE, Esdras, *Propos sur la conjoncture des années 1925-1938. De la grande prospérité à la grande crise*, Montréal, Fides-HEC, 1984, 620 p.

MONGEAU, Serge, *Évolution de l'assistance publique au Québec*, Montréal, Ed. du Jour, 1967, 113 p.

MONIÈRE, Denis, *Le développement des idéologies au Québec*, Ottawa, Québec- Amérique, 1977, 381 p.

MOORE, Barrington, *Les origines sociales de la dictature et de la démocratie*, Boston, Beacon Press, 1966, 450 p.

MOREAU, Pierre-François, *Les racines du libéralisme*, Paris, Seuil, 1978, 184 p.

MORTON, Desmond, *A Short History of Canada*, Edmonton, Fuesin Printers, 1983, 250 p.

MOUILLAUD, Maurice, «Le système des journaux», *Langages*, II, septembre 1968, 11- 35.

MOWRY, George C., *The Urban Nation: 1920-1960*, New-York, Hill and Wang, 1965, 360 p.

MYERS, Gustav, *A History of Canadian Wealth*, Toronto, James Lorimer, 1975, 354 p.

NADEAU, Jean-Marie, *Carnets politiques*, Montréal, Parti Pris, 1966, 170 p.

NEATBY, Herbert Blair, *La grande dépression des années 30*, Montréal, La Presse, 1975, 202 p.

NEATBY, Herbert Blair, *Laurier and A Liberal Quebec*, Toronto, Mc Clelland and Stewart, 1973, 405 p.

NEILL, Robin, «Pensée économique au Québec: the economics of Survival», *Journal  of Canadian Studies*, 4 (august 1969), 7-21.

NEWMAN, Christina Mc Call, *Les rouges*, Montréal, Ed. de l'Homme, 1983, 530 p.

NEWMAN, Peter C., *L'establishment canadien*, Montréal, Ed. de l'Homme, 1981, 540 p.

NIOSI, Jorge, «La Laurentide (1887-1928): pionnière du papier journal au Canada», *Revue d'histoire de l'Amérique française*, 29:3, décembre 1975, 357-416.

NIOSI, Jorge, *La bourgeoisie canadienne*, Montréal, Boréal Express, 1980, 240 p.

OWRAN, Doug, «Economic Thought in the 1930s: The prelude to keynesianism», *Canadian Historical Review*, LXVI:3, 1985, 344-77.

PAQUET, Gilles, et WALLOT, Jean-Pierre, «Pour une méso-histoire du XIX^e canadien», *RHAF*, 33:3, déc. 1979, 387-426.

PAQUET, Gilles, et WALLOT, Jean-Pierre, «Sur quelques discontinuités dans l'expérience socio-économique du Québec: une hypothèse», *RHAF*, 35:4, mars 1982, 483-522.

PARIZEAU, Gérald, *La société canadienne-française au 19e siècle*, Montréal, Fides, 1975, 545 p.

PELLETIER, Michel, et VAILLANCOURT, Yves, *Les politiques sociales et les travailleurs. Les années 1900 à 1929 (cahier I)*, Montréal, 1974, 132 p., et *cahier II: Les années 30*, Montréal, 1975, 424 p.

PIEDALUE, Gilles, «Les groupes financiers au Canada 1900-1930 - étude préliminaire», *RHAF*, 30:1, juin 1976, 3-35.

POLANYI, Karl, *The livehood of man*, New-York, Academic Press, 1977, 255 p.

POLANYI, Karl, *The Great Transformation. The political and economic origins of our Time*, Boston, Beacon Paperback, 1968, 315 p.

POLANYI, Karl, *La grande transformation*, Paris, Gallimard, 1983, 410 p.

POMFRET, Richard, *The Economic Development of Canada*, Toronto, Methuen, 1981, 220 p.

PORTER, John, *The vertical mosaic*, Toronto, UTP, 1971, 627 p.

PRATTE, Bernard, *Le Conseil du patronat du Québec: rôle et idéologie*, Montréal, Université de Montréal, thèse de M.A., 1985, 150 p.

QUINN, Herbert F., *The Union Nationale. A study in Quebec nationalism*, Toronto, UTP, 1963, 250 p.

RIOUX, Marcel, *La question du Québec*, Paris, Seghers, 1967, 104.

RIOUX, Marcel, MARTIN, Yves, *La société canadienne-française*, Montréal, HMH, 1971, 398 p.

RIOUX, Marcel, «Sur l'évolution des idéologies au Québec», *Revue de l'Institut de sociologie*, 1968, 112-8.

RIOUX, Marcel, «Conscience ethnique et conscience de classe au Québec», *Recherches Sociographiques*, 6:, 1965, 23-37.

ROBY, Yves, *Les québécois et les investissements étrangers*, Québec, PUL, 1976, 256 p.

ROUILLARD, Jacques, *Histoire de la CSN*, Montréal, Boréal Express, CSN, 1982, 323 p.

ROUILLARD, Jacques, *Les syndicats nationaux au Québec de 1900 à 1930*, Québec, PUL, 1979, 342 p.

ROUSSEAU, Jean-Jacques, *Le contrat social*, Paris, Flammarion, 1964, 173 p.

ROY, Fernande, *Progrès, Harmonie, Liberté. Le libéralisme des milieux d'affaires francophones à Montréal au tournant du siècle*, Montréal, Boréal, 1988, 300 p.

ROY, Jean-Louis, *La marche des Québécois. Le temps des ruptures (1945-1960)*, Montréal, Leméac, 1975, 383 p.

RUBINSTEIN, M.D., *Men of property*, New Brunswick, 1981, 350 p.

RUDIN, Ronald, *Banking en français. The French Banks of Quebec. 1835-1925*, Toronto, UTP, 1985, 190 p.

RUDIN, Ronald, «A Bank Merger unlike the others: the establishment of the BCN», *Canadian Historical Review*, LXI, 1980, 191-212.

RUMILLY, Robert, *Histoire de Montréal*, Montréal, Fides, 1974, tome 4, 310 p.

RUMILLY, Robert, *Histoire de la province de Québec*, Montréal, Fides, tomes 25 à 38.

RYAN, William F., *The Clergy and Economic Growth in Quebec, 1896-1914*, Québec, PUL, 1966, 348 p.

SAFARIAN, Albert, *The Canadian Economy during the Great Depression*, Toronto, UTP, 1959, 196 p.

SAINT-AUBIN, Bernard, *King et son époque*, Montréal, La Presse, 1982, 415 p.

SCHULL, Joseph, *Laurier*, Montréal, HMH, 1968, 528 p.

SKOCPOL, Theda, (dir.), *Vision and Method in Historical Sociology*, Cambridge University Press, 1984, 410 p.

SKOCPOL, Theda et FINEGOLD, Kenneth, « State, Party and Industry from Business Recovery to the Wagner Act out in American's New Deal », dans Charles Bright, Susan Harding (dir.), *State Making and Social Movements. Essays in History and Theory*, Ann Arbor, University of Michigan Press, 1984, 404 p.

SKOCPOL, Theda, *États et Révolutions sociales*, Paris, Fayard, 1985, 489 p.

ST-AMANT, Jean-Claude, *L'ESP et le syndicalisme catholique: 1911-1949*, Québec, PUL, 1976, Thèse de maîtrise, Département d'histoire, Université Laval, 110 p.

ST-GERMAIN, Maurice, *Une économie à libérer*, Montréal, PUM, 1973, 470 p.

STEWART, Michael, *Keynes*, Paris, Seuil, 1969, 141 p.

STONE, Laurence, « L'Angleterre de 1540 à 1880 : pays de noblesse ouverte », *Annales, Economie, Société, Civilisation*, janvier-février 1985, #1, 71-94.

TAYLOR, Charles, *Radical Tories*, Toronto, Anansi, 1982, 231 p.

TEBOUL, Victor, *Le jour. Emergence du libéralisme moderne au Québec*, Montréal, HMH Hurtubise, 1984, 440 p.

TEEPLE, Gary (dir.), *Capitalism and the national question in Canada*, Toronto, UTP, 1972, 256 p.

TILLY, Charles, *The Formation of National States in Western Europe*, Princeton, Princeton University Press, 1975, 711 p.

TOQUEVILLE, Alexis de, *De la démocratie en Amérique*, Paris, Gallimard, 1968, 381 p.

TRÉPANIER, Pierre, «La société canadienne d'économie sociale de Montréal, 1888- 1911 : sa fondation, ses buts, ses activités», *Canadian Historical Review*, LXVII :3, 1986, 343-67.

TRUDEAU, Pierre E., *Le fédéralisme et la société canadienne-française*, Montréal, HMH, 1967.

TRUDEAU, Pierre E. (dir.), *La grève de l'amiante*, Montréal, Jour, 1957, 430 p.

VACHET, André, *L'idéologie libérale*, Paris, Anthropos, 1970, 511 p.

VIDELIN, Philippe, «Des années 30 aux années 80», *Le monde diplomatique*, juillet 1985, 4.

VIGOD, Bernard L., *Quebec before Duplessis. The Political Career of Louis- Alexandre Taschereau*, Montréal/Kingston, McGill/Queen's, 1986, 420 p.

WADE, Mason, *The French Canadians*, Toronto, Macmillan, 1968, 2 vol.

WATKINS, Ernest, *R. B. Bennett*, Londres, Warbury, 1963, 271 p.

WOLFE, David A., «The Rise and Fall of the Keynesian Era in Canada: Economic  Policy, 1930-1982», dans Michael S. Cross et Gregory Kealy, (dir.), *Modern Canada: 1930-1980*, Toronto, Mc Clelland and Stewart, 1984, 46-78.

WOLFE, Jacques, *Les grandes œuvres économiques*, Paris, Cujas, 1981, 5 vol.

WOOD, Gordon, «Hellfire Politics», *The New-York Review of Books*, 28 février 1985, 29-32.

YOUNG, Walter, *Democracy and Discontent*, Toronto, Mc Graw-Hill, 1982, 130 p.

# TABLE DES MATIÈRES

Achevé d'imprimer
en novembre 1991 sur les presses
des Ateliers Graphiques Marc Veilleux Inc.
Cap-Saint-Ignace, Qué.